新媒体全能实战规划教材

新媒体写作
基础教程

刘大珍——著

北京大学出版社
PEKING UNIVERSITY PRESS

内容简介

随着互联网的高速发展,新媒体行业已成为目前的热门行业之一,无论是个人,还是企业、机关、事业单位,都离不开新媒体。本书为采用"课堂讲解+课堂实训+课堂小结+课后作业"这一结构进行编写,既有基础理论,又有实操进阶,还有实战提高,非常适合初学者学习。

全书共11章,第1章主要讲解新媒体与新媒体写作,第2章主要讲解新媒体写作基础知识,第3章主要讲解新媒体文案标题写作,第4章主要讲解新媒体文案正文写作,第5章主要讲解新媒体新闻写作,第6章主要讲解新媒体广告写作,第7章主要讲解新媒体文学写作,第8章主要讲解新媒体电商文案写作,第9章主要讲解新媒体内容编辑,第10章主要讲解新媒体平台规划与写作要领,第11章主要讲解新媒体写作实战指南。

本书由从事多年新媒体运营和文案创作的一线老师参与编写,内容全面,专业性较强,可以有效帮助读者掌握新媒体写作的方法和技巧,为读者提供实用的新媒体写作指导。本书非常适合作为高等院校市场营销、电子商务及新媒体相关专业的教材用书,也适合作为新媒体从业者的学习参考书。

图书在版编目(CIP)数据

新媒体写作基础教程 / 刘大珍著. — 北京:北京大学出版社,2022.10
ISBN 978-7-301-33350-1

Ⅰ. ①新… Ⅱ. ①刘… Ⅲ. ①新闻写作 – 高等学校 – 教材 Ⅳ. ①G212.2

中国版本图书馆CIP数据核字(2022)第169872号

书　　名	新媒体写作基础教程 XINMEITI XIEZUO JICHU JIAOCHENG
著作责任者	刘大珍 著
责任编辑	刘云　刘倩
标准书号	ISBN 978-7-301-33350-1
出版发行	北京大学出版社
地　　址	北京市海淀区成府路205号　100871
网　　址	http://www.pup.cn　　新浪微博:@北京大学出版社
电子信箱	pup7@ pup.cn
电　　话	邮购部 010-62752015　发行部 010-62750672　编辑部 010-62570390
印 刷 者	北京鑫海金澳胶印有限公司
经 销 者	新华书店
	720毫米×1020毫米　16开本　15.5印张　270千字 2022年10月第1版　2022年10月第1次印刷
印　　数	1-3000册
定　　价	69.00 元

未经许可,不得以任何方式复制或抄袭本书之部分或全部内容。
版权所有,侵权必究
举报电话:010-62752024　电子信箱:fd@pup.pku.edu.cn
图书如有印装质量问题,请与出版部联系,电话:010-62756370

前言

本书编写目的

随着移动互联网的高速发展，越来越多的企业或个人开始借助新媒体平台开展营销活动。新媒体营销自然离不开文案创作，新媒体文案是运营者进行品牌宣传、产品销售，实现商业变现的重要推手。

新媒体写作不同于普通的写作，它是依托新媒体的技术和特征产生的一种新兴学科。在新媒体领域，人人都可以成为新媒体文案的创作者，人人都可以写作和发布内容。但要想使自己创作的新媒体文案脱颖而出，并达到变现的目的，新媒体写作人员就需要掌握系统的新媒体写作知识。因此，我们为新媒体写作人员量身打造了本书，旨在帮助读者切实掌握新媒体写作的实用方法和技巧。

本书内容与学时安排

本书秉持理论与实践相结合的理念，以培养新媒体写作的技能型人才为目标，结合大量新媒体写作的真实案例，系统地讲解了新媒体写作的概念、特点等基础知识，并详细介绍了不同新媒体平台、不同新媒体文案类型的写作方法和技巧。

本书结合了多年的教学与实战经验，建议读者按下表安排本书学习计划。

	内容要点	学习要求	建议学时（分钟）
第1章 新媒体与新媒体写作	认识新媒体	★	30
	认识新媒体写作	★★	45
	新媒体写作的职业要求和岗位职责	★★	30
	课堂实训	★★	30

续表

内容要点		学习要求	建议学时（分钟）
第2章 新媒体写作基础知识	新媒体写作的基本要求	★★	45
	新媒体写作的思维方式	★★★	45
	新媒体写作的选题策略	★★★	45
	新媒体写作素材的搜索渠道与搜索方法	★★★	45
	如何搭建新媒体文章的框架	★★★	60
	课堂实训	★★	35
第3章 新媒体文案标题写作	新媒体文案标题的作用	★	30
	新媒体文案标题的创作方法	★★	60
	课堂实训	★★★	90
第4章 新媒体文案正文写作	新媒体文案正文的结构	★★	45
	新媒体文案正文写作的技巧与基本原则	★★★	120
	新媒体文案正文的写作方法	★★★	120
	课堂实训	★★★	45
第5章 新媒体新闻写作	认识新媒体新闻	★	45
	新媒体新闻的写作要点与案例详解	★★★	90
	课堂实训	★★★	45
第6章 新媒体广告写作	认识新媒体广告文案	★	45
	新媒体广告文案的写作要点与写作方法	★★★	90
	课堂实训	★★★	45
第7章 新媒体文学写作	认识新媒体文学	★	30
	新媒体文学常见形式的写作技巧	★★★	90
	课堂实训	★★	45

续表

	内容要点	学习要求	建议学时（分钟）
第8章 新媒体电商文案写作	认识电商文案	★★	45
	主图文案	★★★	90
	详情页文案	★★★	90
	品牌文案	★★★	90
	活动文案	★★★	90
	产品推广软文	★★★	90
	课堂实训	★★★	60
第9章 新媒体内容编辑	新媒体图文排版基础	★★	45
	新媒体图片编辑	★★★	90
	新媒体音频编辑	★★★	90
	新媒体视频编辑	★★★	120
	课堂实训	★★★	90
第10章 新媒体平台规划与写作要领	新媒体主流平台	★	30
	新媒体平台文案	★★	45
	新媒体平台文案的写作要领	★★★	90
	课堂实训	★★★	45
第11章 新媒体写作实战指南	提升品牌影响力的软文怎么写？	★★★	60
	能获得征文奖励的内容怎么写？	★★★	60
	能被平台录用的讲书稿怎么写？	★★★	60
	快速引流的短视频文案怎么写？	★★★	60
	能快速成交的带货文案怎么写？	★★★	60
	课堂实训	★★★	60

注：★表示了解、★★表示熟悉、★★★表示掌握。

本书超值资源

（1）赠送本书PPT电子教案，可以帮助老师和读者梳理本书的重点。

（2）赠送本书案例的素材与效果文件、练习题库，方便读者练习和巩固所学知识。

（3）赠送名师视频课程。提供一线名师与新媒体、电商行业相关的实战视频教程，旨在提高读者的实战应用能力。

温馨提示：对于以上资源，读者可以通过扫描封底二维码，关注"博雅读书社"微信公众号，找到资源下载栏目，输入本书77页的资源下载码，根据提示获取。

致谢

本书在编写过程中，得到了很多新媒体平台、网站，以及一些商家、个人的大力支持，特别是"海外财富网"提供的文案和案例分享，在此表示衷心的感谢。

在编写过程中，编者着力打磨内容，精益求精，但书中难免有疏漏和不足之处，欢迎广大读者提出宝贵的意见和建议，以便后续的再版修订。

编 者

目 录

第1章　新媒体与新媒体写作　001
  1.1　认识新媒体　002
  1.2　认识新媒体写作　012
  1.3　新媒体写作的职业要求和岗位职责　017
  课堂实训——三步熟悉新媒体写作过程　020
  课堂小结　021
  课后作业　021

第2章　新媒体写作基础知识　022
  2.1　新媒体写作的基本要求　023
  2.2　新媒体写作的思维方式　024
  2.3　新媒体写作的选题策略　032
  2.4　新媒体写作素材的搜索渠道与搜索方法　043
  2.5　如何搭建新媒体文章的框架　044
  课堂实训——新媒体写作的结构解析　047
  课堂小结　050
  课后作业　050

第3章　新媒体文案标题写作　051
  3.1　新媒体文案标题的作用　052
  3.2　新媒体文案标题的创作方法　053
  课堂实训1——撰写电商产品宣传文案标题　061
  课堂实训2——撰写短视频带货文案标题　061
  课堂实训3——撰写直播卖货文案标题　063
  课堂小结　064
  课后作业　064

第4章　新媒体文案正文写作　　065

4.1　新媒体文案正文的结构　　066

4.2　新媒体文案正文写作的技巧与基本原则　　068

4.3　新媒体文案正文的写作方法　　073

课堂实训——案例分析：《人民日报》文章《阅读的陪伴最温情》　　079

课堂小结　　080

课后作业　　081

第5章　新媒体新闻写作　　082

5.1　认识新媒体新闻　　083

5.2　新媒体新闻的写作要点与案例详解　　087

课堂实训——案例分析：新媒体新闻时评作品《推动主题公园高品质升级》　　093

课堂小结　　094

课后作业　　094

第6章　新媒体广告写作　　095

6.1　认识新媒体广告文案　　096

6.2　新媒体广告文案的写作要点与写作方法　　100

课堂实训——四步完成电商促销活动文案的写作　　109

课堂小结　　111

课后作业　　111

第7章　新媒体文学写作　　112

7.1　认识新媒体文学　　113

7.2　新媒体文学常见形式的写作技巧　　114

	课堂实训——微电影文案赏析	121
	课堂小结	122
	课后作业	122

第8章　新媒体电商文案写作　　123

8.1	认识电商文案	124
8.2	主图文案	126
8.3	详情页文案	129
8.4	品牌文案	132
8.5	活动文案	136
8.6	产品推广软文	140
	课堂实训——品牌文案赏析	145
	课堂小结	147
	课后作业	148

第9章　新媒体内容编辑　　149

9.1	新媒体图文排版基础	150
9.2	新媒体图片编辑	152
9.3	新媒体音频编辑	157
9.4	新媒体视频编辑	161
	课堂实训1——使用剪映APP编辑新媒体视频	164
	课堂实训2——使用爱剪辑编辑短视频	167
	课堂实训3——使用Adobe Premiere Pro编辑电商短视频	174
	课堂小结	191
	课后作业	191

第10章　新媒体平台规划与写作要领　　192

- 10.1　新媒体主流平台　　193
- 10.2　新媒体平台文案　　205
- 10.3　新媒体平台文案的写作要领　　206
- 课堂实训——通过APP中的"微社区"留住更多用户　　221
- 课堂小结　　223
- 课后作业　　223

第11章　新媒体写作实战指南　　224

- 11.1　提升品牌影响力的软文怎么写？　　225
- 11.2　能获得征文奖励的内容怎么写？　　227
- 11.3　能被平台录用的讲书稿怎么写？　　228
- 11.4　快速引流的短视频文案怎么写？　　230
- 11.5　能快速成交的带货文案怎么写？　　232
- 课堂实训——带货视频文案赏析　　235
- 课堂小结　　238
- 课后作业　　238

第1章 新媒体与新媒体写作

数字技术发展越来越快速,新媒体以其即时性、交互性、多媒体化、个性与细分化、开放与共享化等优势对传统媒体造成了一定的冲击和影响,新媒体写作这门新学科也应运而生。本章将为大家详细介绍新媒体与新媒体写作的概念,以及新媒体写作的职业要求等内容,以帮助读者初步认识新媒体与新媒体写作。

本章学习要点

- 了解新媒体的概念、形态、特征以及发展现状
- 了解新媒体写作的概念、特征
- 熟悉新媒体写作的类型
- 熟悉新媒体写作的职业要求和岗位职责

1.1 认识新媒体

"新媒体"一词由英文"New Media"英译而来,是传播媒介的一个专有术语。伴随着计算机技术的发展,"新媒体"一词也逐渐被大众所熟知。下面将为大家介绍新媒体的概念、形态、特征以及新媒体行业的发展现状。

1.1.1 什么是新媒体?

笔者对新媒体的定义主要包括狭义和广义两个方面。

从狭义上来说,新媒体是继报纸、广播、电视等传统媒体之后,发展起来的一种新的媒体形态,如常见的网络媒体、手机媒体、数字电视等。狭义上的新媒体是相对传统媒体而言的定义。

从广义上来说,新媒体是指利用数字技术和网络技术,通过计算机网络、电脑、手机、数字电视机等终端,向用户提供信息和服务的传播形态。

由此可见,新媒体具有以下几个方面的属性。

- 新媒体是建立在数字技术和网络技术基础上的信息社会的产物。
- 新媒体的信息呈现方式具有多媒体属性,在信息传播上具有跨时空、全天候、大容量等特征,还具有传统媒体无法比拟的即时性、互动性等优势,从而形成崭新的信息传受环境。
- 新媒体的传播内容比传统媒体更加广泛,而且在技术、运营、产品、服务等商业模式上具有创新性和颠覆性。
- 新媒体的边界不断拓展,呈现出媒介融合趋势,具有动态变化的特征。

为了进一步加深对新媒体的认识,大家还可以从技术、渠道、终端、内容和服务等5个层面来理解新媒体的概念,如图1-1所示。

技术层面:以数字技术、网络技术和移动通信技术为基础

渠道层面:通过互联网、宽带局域网、无线通信网和卫星等渠道传播信息

终端层面:以计算机、智能手机、数字屏幕等设备为主要输出终端

内容层面:提供文字、图片、视频、音频等内容形式

服务层面:向用户提供多样化服务,如数据服务、远程教学等

图1-1 新媒体概念的5个层面

1.1.2 新媒体的形态

新媒体是利用计算机和数字网络信息技术，通过互联网等传播渠道，向计算机、智能手机等终端受众提供信息服务的媒体形态和平台。在这些新技术支撑体系下出现的新媒体形态主要有 4 种，分别是手机媒体、数字电视、互联网新媒体和户外新媒体。

1. 手机媒体

随着智能手机的出现，如今手机已经不再只是一个简单的通信工具，用户可以随时随地通过手机来了解世界，发现新事物。

手机媒体主要以手机短信为主，它是伴随数字移动通信系统而产生的一种信息传播形式，用户可以通过手机或者其他电信终端直接发送或接收文字、图片或数字信息。

手机短信分为两种：一种是文字或者数字信息，这类短信通常有字符限制；另一种是彩信，支持多媒体功能，能够传递包括文字、图像、声音、数据等各种多媒体格式的信息。例如，某企业新媒体部门向用户发送了短信形式的手机报，如图 1-2 所示。

图1-2 短信形式的手机报

2. 数字电视

数字电视是指从演播室到发射、传输、接收的所有环节都是使用数字电视信号进行处理和调制的电视系统。数字电视所有的信号都是通过由 0、1 数字串所构成的数字流来传播的，传播速率快，从而保证了数字电视的高清晰度。

数字电视与传统电视相比，画质更高，功能更强，音效更佳，内容也更丰富，通常还具备交互性和通信功能。因此，数字电视也是新媒体的重要形态之一。随着数字电视用户的不断增加，越来越多的用户可以从数字电视中轻松获取到自己想了解的信息。例如，某数字电视的页面中包含多个视频播放软件及电视、综艺资源，如图 1-3 所示。

图1-3 数字电视页面

3. 互联网新媒体

互联网新媒体的类型十分广泛，我们常见的网络电视、微信、微博和短视频等均属于互联网新媒体的范畴。

（1）网络电视。

网络电视（Internet Protocol TV，IPTV），又称为交互式网络电视，它是以宽带网络为载体，以网络视频资源为主体，以电视机、个人电脑及手持设备等作为显示终端，向用户提供各类视频节目及相关增值业务的一种传输形态。简单来说，网络电视就是互联网与传统电视的结合。

网络电视的出现给人们带来了一种全新的电视观看模式，改变了人们以往被动的电视观看模式。用户通过网络电视可以对电视节目进行点播，或者观看直播节目，按需观看、随看随停。同时，网络电视还借助互联网的资源优势为用户提供了丰富的电视节目资源，以及各类个性化的服务，以满足用户的多元化需求。目前，广电网络、中国电信、中国移动和中国联通等运营商都在竭力推广IPTV业务。例如，中国电信的IPTV页面如图1-4所示。

（2）微信。

微信作为当下热门的社交媒体平台之一，不仅具有免费聊天、语音交流、发送红包等功能，用户还可以通过微信关注公众号、分享朋友圈、发布视频、购买商品等。很多企业都注册有自己的微信公众号或企业微信，并利用微信上的这些相关功能进行新媒体营销。例如，某微信公众号中发布的商品信息如图1-5所示，微信用户根据提示扫描二维码即可跳转到商品购买页面购买该商品，如图1-6所示。

图1-4　中国电信的IPTV页面

图1-5　某微信公众号中发布的商品信息

图1-6　商品购买页面

（3）微博。

微博（Micro Blog）即微型博客，是一种允许用户即时更新简短文本（通常少于200字）并可以公开发布的博客形式。如今，微博主要是指那些基于用户关系的信息分享、传播以及获取的社交媒体平台，如新浪微博、网易微博、腾讯微博等。在这些微博平台上，用户可以通过PC、手机等多种移动终端接入，以文字、图片、视频等多媒体形式，实现信息的即时分享和传播互动。

微博可以实现一对多的互动交流，且具有快速传播的特征，能够为企业的品牌推广和产品推广提供很好的机会。例如，某手机品牌在新浪微博上发布的一条产品推广微博如图1-7所示，我们可以看到，该条微博有上千人参与互动。

图1-7　某手机品牌发布的产品推广微博

（4）短视频。

短视频即短片视频，是指播放时长较短的视频，也是当下非常热门的一种互联网内容传播方式。随着移动互联网时代的到来和"网红经济"的出现，这种以"短、平、快"著称的内容传播方式逐渐获得各大平台、粉丝和资本的青睐，甚至出现了抖音短视频、快手短视频等现象级的短视频平台。

近年来，一条短视频捧红一个关键意见领袖（Key Opinion Leader，KOL），一条短视频捧红一个品牌，一条短视频增加数百万粉丝的例子已经屡见不鲜了。也正是随着短视频行业的不断壮大和用户数量的与日俱增，不少企业在各个短视频平台开通了营销账号，通过发布短视频内容来传递品牌信息。例如，某咖啡品牌在抖音平台上发布的一条品牌宣传短视频，获得了近30万人的点赞互动，如图1-8所示。

图1-8　某咖啡品牌发布的抖音短视频

4. 户外新媒体

户外新媒体是有别于传统户外媒体形式（如广告牌、灯箱、车体等）的新型户外媒体。户外新媒体主要以液晶电视为载体，如电梯广告、地铁广告、大型LED屏等。户外新媒体广告一般覆盖面较广，移动性也较强，像电梯广告、地铁广告等还有着"强迫收视"的特点。例如，某酒业企业的车站广告（见图1-9）用幽默、诙谐的文案宣传了自己的品牌。

图1-9 某酒业企业的车站广告

1.1.3 新媒体的特征

在新媒体时代，原有的社会传播生态已发生了改变，用户从被动的信息接收者转变为掌握一定主动权的信息用户，不仅可以根据自身需要来接收信息、发布信息，同时还可以自己生产信息。以数字技术为代表的新媒体，其最大特点就是打破了媒介之间的壁垒，消融了传播者与接受者之间的边界。

新媒体的特征主要体现在以下几个方面。

1. 新媒体个性化突出

相较于传统媒体的大众化，新媒体的传播行为更加个性化，新媒体可以做到面向细分的受众，提供个性化内容及服务。例如，10名抖音用户在同一时段浏览短视频，其视频内容可能是完全不一样的。

2. 受众选择性增多

新媒体的传播方式改变了传统媒体"传播者单向发布、受众接收"的状态，使受众拥有了更多选择。通过新媒体平台，用户既可以接收信息，也可以成为信息的发布者，表达自己的观点，传播信息。例如，某微博博主将从其他期刊上看到的权威知识发布在了微博平台，从一个信息接收者的角色转变为了信息传播者。

同理，其他用户在看到该条微博信息时，也可以在评论区对内容进行补充、转发。

3. 信息传播实时化

相较于传统媒体，新媒体能够打破时间、地域的限制，轻松实现实时化的信息传播。新媒体信息传播速度非常快，传播者不仅能够随时随地发布信息，用户也可以实时接收信息，并做出相应反馈。特别是一些企业在对热点信息进行剖析后，迅速发布实时内容，能快速获得粉丝关注。

4. 表现形式多样化

新媒体的表现形式具有多样化的特点，融文字、图片、音频、视频为一体，不仅提升了内容的丰富性，同时也增加了传播内容的信息量。

另外，新媒体还有"易检索"的特点，用户可以通过新媒体平台检索自己感兴趣的内容。

1.1.4 新媒体平台

随着新媒体行业的高速发展，各种各样的新媒体平台如雨后春笋般出现。下面就为大家介绍几个当下比较热门的新媒体平台。

1. 头条号

头条号即今日头条旗下媒体/自媒体平台，该平台致力于帮助企业、机构、媒体和自媒体在移动端获得更多曝光和关注，实现品牌传播和内容变现。在头条号平台上，内容创作者可以通过平台强大的智能推荐算法和优质内容来获得更多曝光。今日头条平台的主页如图1-10所示。

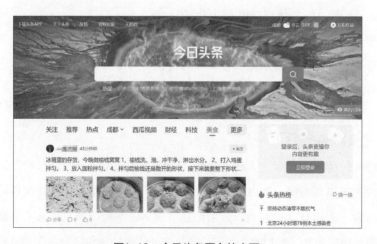

图1-10　今日头条平台的主页

2. 抖音

抖音平台是由字节跳动孵化的一款音乐创意短视频社交软件。该软件于2016年9月20日上线，是一个短视频社区平台。2021年1月6日抖音发布的《2021抖音数据报告》显示，截至2021年1月5日，抖音日活用户数突破4亿，成为国内最大的短视频平台。

例如，某旅游类抖音短视频账号拥有15.6万个粉丝，获赞更是高达130多万条，如图1-11所示。从该账号发布的某条短视频作品中，我们还可以看到该短视频作品的点赞、评论、收藏、转发等数据，如图1-12所示。

图1-11　某旅游类抖音账号主页

图1-12　该账号发布的短视频作品

3. 微信公众号

微信公众号（简称"公众号"）即微信公众平台，该平台是微信官方提供给个人、企业和组织进行业务服务与用户管理的服务平台。在公众号平台上可以实现消息推送、品牌传播、分享等一系列新媒体运营活动。例如，某火锅品牌的微信公众号页面如图1-13所示，商家通常会通过企业的微信公众号，向粉丝推送品牌的相关宣传信息和活动信息。

4. 新浪微博

新浪微博（简称"微博"）是基于用户关系的社交新媒体平台，在微博平台上，新媒体内容创作者可以随时随地发布文字、图片、视频等多种形式的内容，实现信息的即时分享、传播互动。例如，某美食类微博账号发布了一条互动微博，引发众多粉丝参与评论，如图1-14所示。

图1-13　某火锅品牌的微信公众号页面　　图1-14　某美食类微博账号发布的互动微博

5. 小红书

小红书是一个生活方式分享平台和消费决策入口，最初以"社区"形式起家。根据千瓜数据发布的《2021小红书活跃用户画像趋势报告》来看，小红书有超1亿的月活用户。众多用户在小红书社区分享文字、图片、视频笔记，记录美好生活。数据还显示，小红书2020年笔记发布量近3亿条，每天产生超100亿次的笔记曝光。小红书首页如图1-15所示。

6. 知乎

知乎是中文互联网高质量的问答社区和创作者聚集的原创内容平台，该平台凭借认真、专业和友善的社区氛围和独特的产品机制，聚集了中文互联网科技、商业、文化等领域最具创造力的人群，致力于为用户分享高质量的内容。知乎平台的首页如图1-16所示。

图1-15 小红书APP首页

图1-16 知乎APP首页

1.1.5 新媒体行业的发展现状

新媒体的出现打破了传统媒体的定义，使人们从信息的接收者变成了信息的传播者和生产者，也极大地扩大了信息的传播范围和影响力。如同任何一个新生事物一样，新媒体的发展也是从无到有、由小到大，不断更替变化的。对于新媒体行业的发展现状，可以总结为以下几点。

1. 新媒体是第三产业的重要分支

新媒体产业既是文化创意产业的重要组成部分，也是我国第三产业的重要分支。如今，随着新媒体行业的快速崛起，各大新媒体平台也不断受到大众的热捧。新媒体营销为品牌和用户搭建了一个很好的沟通桥梁，企业从新媒体入手进行品牌营销，更容易让用户看到企业发布的内容，快速获取用户的想法与需求信息，从而设计出更能满足用户要求的产品。

随着5G时代的到来和人工智能等技术的不断进步，新媒体行业的前景将越来越广阔，短视频平台、直播平台、内容电商的相继崛起，极有可能使新媒体行业抢占更多的移动互联网流量，为企业营销带来无限机遇。

2. 新媒体拓宽了信息获取渠道

新媒体的出现，不仅大大地提高了信息传播的速度，同时也改变了信息的生产方式和传播方式。在新媒体时代，用户的主动性大大增强，除了可以接收信息，还可以结合实际，生产、加工和传播信息。新媒体凭借自身优势，可以将文字、图像、音频和视频等通过线性或非线性方式传播出去，用户可以自由、自主地对信息进行下载、录音、录像、存储、复制和剪裁等操作，从而构建以人际关系为传播路径的即时性裂变式多级信息传播网络。新媒体实现了信息传播的数字化、全球化、交互性和即时性，极大地方便了人们获取信息、生产信息和传播信息。

3. 新媒体创新了消费支付方式

随着新媒体时代和移动互联网时代的到来，移动支付行业也呈现出高速发展的态势。如今，移动支付已融入人们日常生活的方方面面，一跃成为居民日常消费支付的第一大工具。移动支付的支付场景基本涵盖了线上交易和线下交易，支付内容也是包罗万象，包括生活用品、电子产品、金融产品，乃至大宗货物等。

4. 新媒体革新了人际交往方式

新媒体的出现也在逐渐改变着人们的人际交往模式，如微信、微博、抖音等新媒体平台已成为大家人际交往的主要阵地。这得益于新媒体的快速发展，使文字、图片、音频和视频等内容的传播变得更加方便和快捷，同时也为大家提供了一个全新的人际交往平台，丰富了人际交往方式，拓宽了人们日常交往的空间。

1.2 认识新媒体写作

新媒体写作的门槛相较于传统媒体要低。过去写作被当成高雅的艺术，而对于新媒体写作而言，只要符合法律及道德伦理的要求，任何人都可以写作并发布内容。下面将为大家介绍新媒体写作的概念、特征和类型。

1.2.1 什么是新媒体写作？

新媒体写作是指人们基于新媒体平台从事的互动式文案创作活动。在企事业单位中，从事新媒体写作工作的岗位名称大同小异，如新媒体写作、新媒体文案、新媒体编辑、内容策划编辑、内容运营等，这些岗位的主要工作内容是针对新媒体渠道的整体内容进行规划，并对具体内容进行写作与编辑。

新媒体写作是建立在深度分析读者特点的基础上，针对特定内容的持续挖掘，通过一些写作技巧，快速抓住读者眼球，形成持续的阅读黏性。从本质上说，虽然新媒体写作还是写作，但它延伸了写作的概念，在写文章之外，增加了"读者分析""细分市场""写作目标""读者互动""蹭热点""自传播属性""风格化""多媒体"等传统写作中很少会提及的理念。

1.2.2 新媒体写作的特征

新媒体写作有两个明显的特征：一是针对性强，二是互动性强，如图 1-17 所示。

1. 针对性强

新媒体写作是建立在深度分析读者特点的基础上，针对特定内容的持续挖掘；通过一些写作技巧，快速抓住读者眼球，形成持续的阅读黏性。例如，某微信公众号上发布了一篇名为《谢谢你爱我》的文章（见图 1-18），这篇文章的开头引出中心思想："世界不完美，但是总有人爱着你"；正文用 17 张图和它们背后关于爱的感人故事支撑；结尾处总结升华。这类针对性较强的文章注重素材案例的精彩程度，越精彩，读者转发意愿越强。

图1-17 新媒体写作的两大特征

2. 互动性强

和传统媒体相比，交互性是新媒体最为突出的特点之一。新媒体通过互联网，可以随时随地共享网络信息资源，使写作者与受众之间的沟通交流方式变得更加方便、更加快捷。受众不仅是信息的接收者，同时也可以是信息的传播者。这群拥有双重身份的受众，通过新媒体可以更加自由地表达自己的观点，及时反馈信息。例如，在很多视频网站上，观众在观看视频的同时还可以发送弹幕来表达自己的观点，如图 1-19 所示。

图1-18 《谢谢你爱我》部分内容

图1-19 某视频作品中的弹幕信息

1.2.3 新媒体写作的类型

新媒体写作的目的有很多，如资讯传播、品牌塑造、产品营销、活动推广、社群运营等。新媒体作者在开始文案创作前首先要明确文案写作的目的是什么，然后根据写作目的确定新媒体写作的类型和具体内容。根据新媒体写作目的的不同，我们可以将新媒体写作大致划分为4类，如图1-20所示。

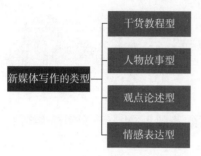

图1-20　新媒体写作的类型

1. 干货教程型

干货教程型文章是指那些能够传授实际方法、技巧的文章，这类文章的写作特点是条理清楚、步骤清晰。一般以"是什么？怎么做？怎么用？"为思路进行创作。

这类文章的优缺点分别如下。

- 优点：阅读量不错，收藏率高，读者的黏性高；后期变现能力也很强。
- 缺点：内容相对枯燥；对写作者的知识专业度、融会贯通能力等要求较高。

如图1-21所示的这篇名为《这十大公考必备APP，可比盲目刷题有用多了》的文章就属于实用性较强的干货教程型文章。该文章为读者介绍了10款比较实用的知识点梳理APP，可以帮助公考备考考生更好地进行知识点梳理。

图1-21　干货教程型文章示例（部分截图）

2. 人物故事型

人物故事型文章是指以某个人物的故事、经历为内容，用时间线或者一定的逻辑，把人物相关事件串联起来的文章。

这类文章的优缺点分别如下。

- 优点：有一定的保底阅读量，能够带给读者良好的阅读体验。
- 缺点：内容价值较低，不利于打造个人IP。

如图1-22所示的这篇名为《人物故事——"铁肩担道义，妙手著文章"李大钊》的文章就是典型的人物故事型文章。这篇文章讲述了中国共产主义运动的先驱，伟大的马克思主义者，杰出的无产阶级革命家，中国共产党主要创始人之一的李大钊同志的一生，李大钊同志以他的奋斗、探索、牺牲为中国共产党人做出了表率，他的革命思想、崇高精神和伟大人格值得后人永远学习。

3. 观点论述型

观点论述型文章是指以某人针对某一事件所发表的观点作为主要内容来创作的文章。这类文章是目前市场上较普遍、较流行、发布数量较多的新媒体文章类型。

李大钊同志不仅是一位伟大的革命者和战士，而且是20世纪初我国思想文化界的一位杰出人物。他留下大量著作、文稿和译著，内容涉及哲学、经济学、法学、历史学、伦理学、美学、新闻学、图书管理学等诸多领域，为20世纪中国的思想文化建设作出重要贡献。正如鲁迅先生所说："他的遗文都将永在，因为这是先驱者的遗产，革命史上的丰碑。"

1927年4月6日，李大钊同志在北京被捕入狱。他受尽各种严刑拷问，始终坚守信仰、初心不改，坚贞不屈、大义凛然。同年4月28日，李大钊同志惨遭反动军阀绞杀，牺牲时年仅38岁。

图1-22　人物故事型文章示例（部分截图）

这类文章的优缺点分别如下。

- 优点：容易成为“爆款”文章，传播效果好，也有利于个人 IP 的打造。
- 缺点：写作这类文章的人太多，同质化严重，很难脱颖而出。

如图 1–23 所示的这篇名为《17 岁男孩跳桥自杀：到底什么原因让孩子对死如此不在乎？》的文章，作者除了对事件进行了描述以外，还加入了自己对该事件的看法和观点，以此来引发读者思考。

据调查，跳桥的孩子是一名17岁的职高学生，跳桥后当场死亡。

而男孩妈妈称，事情的起因是，儿子在学校与同学发生矛盾，当驾驶到卢浦大桥时，她与儿子因此事发生口角，孩子就突然打开车门跳下大桥……

妈妈的崩溃里，不知饱含了多少后悔和惋惜。而母子发生口角的几秒钟，却要让儿子用性命、妈妈用整个后半生的痛恨来埋单。

有人说，父母的语言暴力就像人命收割机，没有超强的心理承受力，根本活不下来。

也有人说，现在的孩子，心理已经脆弱到了一定程度，受不了一丁点管教。

可无论哪种情况，孩子对"死"的不在乎，都不是一天两天形成的。

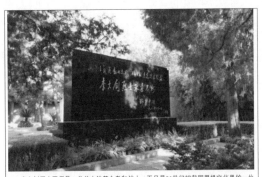

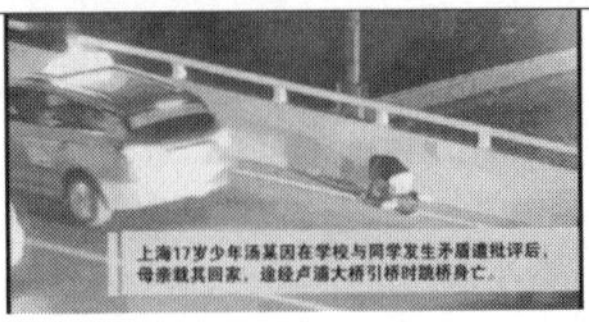

图1-23　观点论述型文章示例（部分截图）

4. 情感表达型

情感表达型文章是指以叙述亲情、友情、爱情故事为主要题材的文章，这类文章的创作素材非常丰富，创作空间也很大。

这类文章的优缺点分别如下。

·优点：阅读传播效果好，写作难度低，容易引发读者共鸣。

·缺点：内容价值较低，不利于打造个人IP。

如图1-24所示的这篇名为《"金嗓子"周璇：好的婚姻，先懂爱己，才懂爱人》的文章，就是一篇以爱情为主题的文章。这篇文章讲述了四大美女之一——周璇，一生中经历了3段不幸的婚姻，在事业巅峰却因为精神问题住进了精神病医院，最终早逝的故事。通过这篇文章，作者想要告诉读者"好的婚姻，先懂爱己，才懂爱人"这个道理。

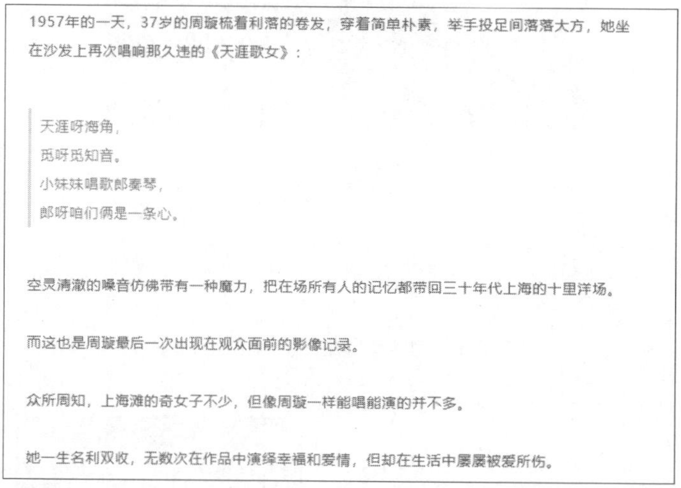

> 1957年的一天，37岁的周璇梳着利落的卷发，穿着简单朴素，举手投足间落落大方，她坐在沙发上再次唱响那久违的《天涯歌女》：
>
> 　　天涯呀海角，
> 　　觅呀觅知音，
> 　　小妹妹唱歌郎奏琴，
> 　　郎呀咱们俩是一条心。
>
> 空灵清澈的嗓音仿佛带有一种魔力，把在场所有人的记忆都带回三十年代上海的十里洋场。
>
> 而这也是周璇最后一次出现在观众面前的影像记录。
>
> 众所周知，上海滩的奇女子不少，但像周璇一样能唱能演的并不多。
>
> 她一生名利双收，无数次在作品中演绎幸福和爱情，但却在生活中屡屡被爱所伤。

图1-24　情感表达型文章示例（部分截图）

知识拓展

新媒体写作要领

互联网的出现正在逐渐改变人们的思维方式，新媒体是伴随着互联网出现的新事物，因此新媒体写作也应遵循互联网思维。下面就为大家简单介绍一下新媒体写作的几个基本要领。

·信息前置：新媒体写作应缩短用户接触到核心信息的路径，把主旨放在第一段第一句。

- 短者为"王"：在新媒体时代，用户的阅读习惯已经变得越来越"急躁"，通常4000字的文章的跳出率要比1000字的文章的跳出率高出3倍。因此，新媒体文章应尽量简短。
- 信息增量：新媒体文章既要新颖又要便于读者理解，最好还能成为用户聊天时的"社交货币"。
- 引发共鸣：新媒体文章应紧扣热点事件，最大限度牵动读者情绪。
- 疏导焦虑：新媒体文章应多宣传正能量，为读者提供正确的价值导向，拒绝传播一切低俗、不良的内容。

1.3 新媒体写作的职业要求和岗位职责

随着新媒体时代的到来和逐步发展，市场对新媒体文案和新媒体写作人员的需求量都在不断增加。与此同时，新媒体写作的行业环境和岗位要求都愈加规范，各企业和招聘单位对新媒体写作人员的要求也在逐步提高。下面就来为大家介绍一下新媒体写作的职业要求和岗位职责。

1.3.1 新媒体写作的职业要求

随着新媒体的迅猛发展，新媒体得到越来越多广告商的认可，文案的质量决定着新媒体的发展和机遇，因此，新媒体写作这一职业也越来越被想开展新媒体业务的企业所重视。

新媒体写作人员只有具备相关的知识储备和能力，才能创作出好的新媒体文案。新媒体写作的职业要求有：文案能力、创意能力、审美能力和学习能力4种基本能力，如图1-25所示。

图1-25 新媒体写作的职业要求

 新媒体行业的趋势变化非常快，无论是新手新媒体写作人员还是资深新媒体写作人员均需要不断学习，以此来应对新媒体行业的各种变化，满足新媒体文案的创作需求。

1. 文案能力

新媒体写作人员的文案能力主要体现在文案的写作上，如对文案语言风格的把控、对写作技巧的运用，以及对文案的语法和逻辑的掌握等。

在进行新媒体文案写作时，应注意规避语病、错别字等问题，以正确语法来进行写作；文案的表达要有逻辑、有条理，这样目标人群才能更好地理解文案所要表达的意思。新媒体写作人员要能驾驭各种风格的文字，既可以是阳春白雪、如诗如画的语言风格，也可以是下里巴人、通俗易懂的语言风格。

新媒体写作人员的文案能力还体现在以下几个方面。

· 文案的标题、海报等内容能够快速吸引目标人群的注意。

· 软文、具有情感的品牌介绍内容能够使目标人群产生代入感。

· 商品介绍等销售文案能够使目标人群产生信任感，并且可以促使他们快速做出购买决策及反馈。

· 品牌传播文案的信息简单，有利于口头传播。

2. 创意能力

创意能够让广告深入人心并引起人们的注意及共鸣。在网络上搜索"创意广告"能够看到很多有创意的广告，如图1-26所示。

图1-26 "创意广告"搜索结果

新媒体文案写作人员作为广告创作的源头，必须具备一定的创意能力。创意能力虽然与天赋有一定的关系，但同样可以通过后天练习来提升。要想提升创意能力，新媒体文案写作人员就需要用新奇的方式思考和观察世界，保持对事物的敏感，多问"为什么"，通过自己的努力找到答案。

3. 审美能力

审美能力又被称为艺术鉴赏力，即能感悟欣赏到事物的美感，并且知道"美"的定义是什么的能力。例如，针对简单的文字排版，有审美能力的人能够做到整洁、风格统一，字体、字间距、行间距协调一致。

新媒体文案写作人员的审美在一定程度上决定了文案内容的整体效果。训练审美能力主要有两个方法：一是建立对"美"的基本认识，"美"并没有标准，但总能找到其共通性；二是大量观摩优秀作品、总结美感规律并加以运用。

4. 学习能力

学习能力是指短时间内快速对事物从陌生到了解，最后还能融会贯通的能力。一般学习能力强的人会主动学习，寻找相应资料进行吸收，同步消化并能将其转化为自己所需要的能力，然后推陈出新。

学习新媒体文案写作主要有阅读、请教、实践3个途径。通过对专业书籍、网络相关资料、相关案例等进行研读，能够使新媒体文案写作人员系统地掌握相关文案的写作知识；通过向该领域内的专业人士请教，可以快速、高效地掌握文案写作的一些有用经验；最后就是将学习到的这些文案写作知识运用于实践，并根据其效果进行总结、分析。

1.3.2 新媒体写作的岗位职责

新媒体写作的岗位职责主要依据企业自身的需要来确定。某招聘信息中针对新媒体文案编辑这一岗位的职责要求如图1-27所示。

从图1-27中可以看出，该公司对新媒体文案编辑这一岗位的职责要求包括负责公司APP、公众号、自媒体平台的内容创作，以及公司各类品牌文案、活动文案的内容创作。根据归纳总结，大多数企业对新媒体写作相关岗位的职责要求如下。

图1-27　某招聘信息中新媒体文案编辑岗位的岗位职责

- 负责公司网站、公众号以及其他新媒体平台账号相关栏目的信息收集、编辑、上传工作。

- 负责组织整理各类专题内容，要求专题内容能够获得较好的搜索引擎排名、转化率和客户反馈。
- 完成网站信息内容的策划及日常更新和维护。
- 配合企划部门组织策划推广活动，并参与执行。
- 加强软文写作水平，负责为第三方网站或相关新媒体APP提供相应的软文。
- 完成公司、部门领导交办的其他事务。

课堂实训——三步熟悉新媒体写作过程

新媒体写作一共分为3个步骤，即确定主题→内容撰写→检查修改，如图1-28所示。首先是明确写作目的，确定好写作的主题，根据写作主题来搜集素材，罗列提纲和框架；然后用内容将提纲扩充起来；最后在完成文章的编辑后对文章进行检查和修改。

图1-28　新媒体写作的3个步骤

1. 确定主题

在进行新媒体文案写作前，作者必须清楚自己的写作目的，具体想表达什么，以及文案能够传达给受众什么样的信息，文案中的案例、数据、图文排版等都是为写作目的服务的。一旦确认了写作目的，作者就需要根据该目的进行市场调研，并搜集写作素材。除了明确写作目的以外，作者还要根据写作目的来提炼写作的主题，列好提纲和框架，选择诉求方式，确定写作风格。同时要多搜集资料，搜集的素材越丰富，后期的写作才会越轻松。

2. 内容撰写

简洁有力的文字可以让新媒体新闻资讯的内容更加明了，通俗易懂的文字可以让新媒体广告文案更具销售力。不同风格的文字具有不同的表现力，会给受众以不同的感受。新媒体写作者要充分发挥语言文字的魅力，让其更好地为文案作品的主题服务。另外，文章要形成原创价值。新媒体写作者要不断思考和总结，利用自己日常的积累，多创作一些有深度、有广度的原创作品。

3. 检查修改

新媒体写作的最后一环是检查修改。新媒体写作者要对照大纲，检查文章意思、逻辑是否准确，打磨标题、词句，诵读全文查看是否通畅，并做好排版以提升受众的阅读体验。修改文章的过程也是提高写作水平的过程，因此，同样需要认真对待。这一阶段的工作主要通过投放前的自检和投放后的复盘来完成。

（1）投放前自检。

文章完成后，先不要直接发布，而是要先对初稿进行审查、打磨和修改。首先，要梳理文章的框架，检查逻辑是否严谨，主题是否突出；思考文章是否具有感染力，是否能够体现想要表达的主题。其次，通览全文，再从文章的细节入手，检查并修改标点、字词句、语法等；最后调整语句顺序，删减冗余的部分。

（2）投放后复盘。

将文章发布到新媒体平台后，作者可以通过在线方式与受众进行交流，获取意见和建议；也可以根据受众对作品的评论和反馈对内容进行修改和优化。这样既完善了文章，也与受众进行了沟通交流，增强了与受众的互动性。

课堂小结

本章主要介绍了新媒体的概念、类型、特征以及新媒体行业的发展现状；同时还为大家介绍了新媒体写作的概念、特征和类型，以及新媒体写作的职业要求和岗位职责等内容。通过对本章的学习，大家可以加深对新媒体与新媒体写作的认识与理解，了解新媒体写作岗位的必备能力，为进一步学习新媒体写作奠定基础，同时培养良好的新媒体写作习惯。

课后作业

1. 请简述新媒体的概念。
2. 请阐述新媒体的特征。
3. 说说不同新媒体写作类型的优点和缺点。

第2章 新媒体写作基础知识

与传统媒体写作不同，新媒体写作是建立在深度分析用户的基础上的，其目的是快速吸引用户注意。在进行新媒体写作时，作者往往都有自己的一套写作技巧，他们将其运用在内容创作上，以此来吸引用户的持续阅读和关注。总的来说，新媒体写作需要注意选题、框架、开头、素材和结尾等方面的问题，只要一一解决这些问题，新媒体写作人员就能顺利创作出一篇成熟的新媒体文章。

本章学习要点
- 熟悉新媒体写作的基本要求
- 熟悉新媒体写作的思维方式
- 掌握新媒体写作的选题策略
- 掌握新媒体写作素材的搜索渠道与搜索方法
- 掌握搭建新媒体文章框架的方法

2.1 新媒体写作的基本要求

新媒体的兴起给传统媒体带来了巨大的冲击，也为信息内容的传播提供了更为广阔的平台。在新媒体环境下，传统媒体的写作方式已经不能适应新文化形态的发展。阅读习惯的碎片化和书写方式的多元化，让新媒体写作有了更大的发展空间，如何进行个性化、优质化的语言表达，成为众多新媒体写作人员最为关注的问题之一。

从本质上来说，新媒体写作是传统媒体写作的延续和升级，但在许多方面，新媒体写作与传统媒体写作又存在着一定的差异。新媒体写作的基本要求主要可以归纳为以下 3 点。

1. 信息要准确规范

与传统媒体写作相比，新媒体写作的内容所面向的用户范围更加广泛，写作的门槛也比较低，但还是应注意信息内容的准确规范。在进行新媒体写作时，首先，要避免出现病句或者含义不详的词语；其次，创作出的新媒体文章要尽可能地贴近生活和用户的心理，既要让用户能够产生共鸣，同时还要让用户在阅读时没有距离感。要想创作出一篇语言准确规范、内容通俗易懂的新媒体文章，新媒体写作人员就必须具备扎实的基本功，并拥有良好的驾驭文字的能力。

2. 内容定位要精准

要想写出一篇优秀的新媒体文章，不但要有好的构思，还要找准文章的中心思想，让文章内容围绕中心思想进行输出。创作文章之前，新媒体写作人员可以使用思维导图对文章的写作思路进行梳理，找到塑造文章内容的方向。在文章完成后，新媒体写作人员还要对文章进行检查，删除与文章主题无关的语句，避免引起歧义。

3. 表现要生动形象

现代社会生活节奏越来越快，人们工作、生活的空间场景不断变化，因此产生了很多碎片化的时间，而新媒体写作正好迎合了人们碎片化的阅读习惯。因此，新媒体文稿讲究精练短小、生动形象，内容丰富且有价值，以便于人们快速阅读，从而实现信息的快速传播，让用户产生共鸣。

2.2 新媒体写作的思维方式

新媒体的主要特征体现在"快速""分散""碎片化""跨界""内容丰富"等关键词上。透过这些关键词不难看出，新媒体行业的竞争十分激烈，新媒体写作人员要想使自己的文章从海量信息中脱颖而出，就要打开认知的窗口，从改变思维方式开始，根据新媒体的特征，来培养自己的新媒体写作思维。新媒体写作应具备5种基本的思维方式，如图2-1所示。

图2-1 新媒体写作的思维方式

2.2.1 产品思维

新媒体写作中的产品思维主要有三层含义：一是把文字当成产品；二是提升系列文章的专业度；三是以独家视角形成个人品牌，如图2-2所示。

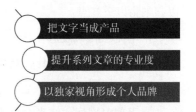

图2-2 产品思维的三层含义

1. 把文字当成产品

产品思维首先需要把文字当成产品，在新媒体文章中将产品的受众以及他们的需求统统通过文字表达出来。企业销售的产品针对的是什么样的人群，写作出来的新媒体文章就应针对什么样的人群；产品用户的需求是什么，文章就应该满足用户的这些需求。

新媒体写作也属于公共写作的范畴，因此，在进行新媒体写作时，新媒体写作人员需要了解马斯洛需求层次理论，以马斯洛需求层次理论为指导，深入分析文章的受众，以及这些人的需求。不同的文章要满足不同人群的需求，比如，理财类微信公众号输出的是理财方面的专业知识，满足的就是理财人群的需求，如图2-3所示。

图2-3 某理财类微信公众号

2. 提升系列文章的专业度

运用产品思维进行新媒体写作，除了要把文字当成产品，还需要提升系列文章的专业度。新媒体写作人员只要能坚持在垂直领域输出专业知识，并不断提升文章的专业度和价值，就能积累下良好的口碑。要想提升系列文章的专业度，新媒体写作人员就必须储备大量的知识并拥有文字输出的能力。

3. 以独家视角形成个人品牌

写作不能人云亦云，而是要形成自己的观点。因此，新媒体写作人员在进行新媒体写作时，要多倾听不同的声音，多角度思考问题，关注热点新闻和话题并参与评论，从不同角度去探讨和解读新媒体文章。

2.2.2 用户思维

无论是哪种类型的写作，要想成功影响读者和用户，就必须先理解读者和用户，这就是用户思维。那么新媒体写作人员应该如何建立用户思维呢？

1. 满足读者的阅读动机

通常来说，读者的阅读动机有两个：一个是满足好奇心，另一个是满足自我表达。因此，在写作新媒体文案时，新媒体写作人员要学会揣摩读者感兴趣的话题，把读者想要表达却无从表达的情感和思想表达出来。很多"10万+"的文章之所以能成为爆款文章，关键在于这些文章的选题能引发群体的共鸣，如爱国情怀、思念之情、拼搏奋斗等，都是能引起人们持久讨论且热度不减的话题。

例如，建军节来临之际，"国防大学"公众号发布了一篇名为《"八一"特稿：向着实现建军一百年奋斗目标前进》的文章（见图2-4），引起广泛转发。这篇文章之所以能得到很多人的关注，主要有两个原因：一是紧跟热点，时效性强；二是通过这一事件延伸拓展，列举了历史事件和案例，最后使"强国才能强军，军强才能国强"这个主题得到升华，引发了读者的共鸣，增强了读者的民族自豪感和认同感。

新媒体写作切忌自说自话，对读者来说，他们在乎的不是作者在文章中写了什么，而是这些内容与自己有什么关系。文章能够为读者带来价值，他们才会心甘情愿地阅读和转发文章。

2. 建立适应读者的阅读场景

在移动互联网时代下，人们的阅读呈现出了速度快、频次高、碎片化等特点。正因如此，读者的注意力也就更容易被分散，他们的阅读耐心也变得更有限。

要建立适应读者的阅读场景，新媒体写作者在创作新媒体文章时就需要注意以下3点。

图2-4 满足读者阅读动机的文章示例（部分截图）

（1）文章在表达上要克制，内容切忌冗长。

在创作新媒体文章时要注意措辞精练、用词精辟、贴切；尽量多用动词和名词，少用形容词；内容结构要紧凑，以保证文章的"短、平、快"这一特点。新媒体文章的字数最好控制在1800~2500字。若字数太少，可能会造成表达不清楚的情况；若字数太多，又会显得过于啰唆。

（2）内容要能刺激读者痛点。

新媒体文章的内容最好能刺激到读者的痛点，以此激发他们的阅读兴趣。比如，通过设置悬念等方式，引起读者的阅读兴趣和好奇心。

（3）使用金句加深读者记忆。

有些简短有力、深入人心的句子，往往能给人带来强烈的冲击感，令人印象深刻。读者读完一篇文章，很多细节可能已经忘记，但对于那些醍醐灌顶的金句还是会记忆犹新。因此，在新媒体文章中加入金句以加深读者对文章的记忆是必不可少的。

2.2.3 流量思维

在互联网行业中，"流量"一词出现的频率非常高，无论是谈商机还是聊合作，都不可避免地会提到"流量"。流量是新媒体运营的根基，是支持后续内容的要素，没有流量，一切努力都是徒劳的。运用流量思维进行新媒体写作，首先需要了解新媒体流量的本质是什么。新媒体流量的本质主要体现在两个方面：一个是用户的时间，另一个是用户的注意力。

1. 用户的时间

无论是传统行业还是互联网行业，流量都可以理解为用户访问量。有了流量，就可以通过转化实现盈利的目的。在传统商业模式下，人流量大的地方（如商场门店），客流量也会大，其房租等固定成本也会相应增加。同样的逻辑也适用于新媒体行业，有所不同的是，在新媒体行业，流量的本质是用户的时间。也就是说，新媒体行业的流量其实就等于用户数与用户使用时间的乘积。理论上来说，只要新媒体用户数量不断增长，或者用户单日使用新媒体的时间增加，总流量就会持续增长。

新媒体的出现虽然打破了空间的界限，使千万用户能够轻松地获取到海量资讯，但用户的时间却是有边界的，即每一个用户每天花费在新媒体上的时间是有限的。因此，获取新媒体流量的关键在于抢占用户的时间。实质上，新媒体企业之间的竞争就是一场争抢用户时间的战争。在这场争抢用户时间的战争中有两大阵营，如图2-5所示。

图2-5 争抢用户时间的两大阵营

第一大阵营以消耗用户时间为主，用户使用这类新媒体产品就是为了消磨时间、休闲娱乐。如直播、短视频、游戏、音乐、网络文学，以及新媒体平台上发布的各类段子、奇闻异事等均属于该阵营。

第二大阵营以节省用户时间为主，用户使用这类新媒体产品可以节省自己的时间成本，如网络购物、订外卖、网上订票、工作协同、在线课程，以及各种精选资讯等工具和服务。这类新媒体产品的初衷都是节省用户时间，例如，通过外卖平台点餐，用户可节省外出吃饭的在途时间。

2. 用户的注意力

在目前的互联网商业模式下，存在两个明显的问题：信息过剩和注意力稀缺。这两个问题是对立存在的，因此如何在无限的信息中获取有限的注意力，就成了互联网商业运营的核心命题。注意力稀缺导致众多新媒体写作人员要想尽办法去争夺用户的注意力资源，而流量的多少恰恰最能体现争夺结果的好坏。有了流量，新媒体运营者才能以此为基础构建自己的商业模式。因此，新媒体写作就是要以吸引大众注意力为基础创造价值、转化盈利。

2.2.4 营销思维

新媒体营销是指利用新媒体手段来销售产品。如果新媒体营销做得好，不仅能够将产品成功销售出去，还能形成口碑传播、裂变传播，为企业带来更多的用户。参与设计营销方案也是新媒体从业人员的一项重要工作。通过新媒体"5W1H"营销框架（见图2-6）的搭建，新媒体写作人员可以建立起自己的新媒体营销思维。

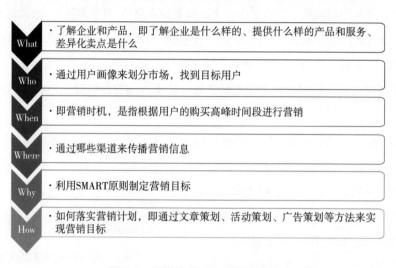

图2-6 新媒体"5W1H"营销框架

SMART原则是一种目标管理模型，或者说是一种效率管理模型，由以下5个维度组成。

- S 即 Special：表示具体的目标或者绩效考核标准。
- M 即 Measurable：表示通过数据能够明确判断目标或指标。
- A 即 Attainable：表示制定的目标不能太高，也不能太低，最好是努力一下能够达到的目标。
- R 即 Relevant：表示目标与目标之间要有一定的关联性，整体都是为大目标或者大方向服务。
- T 即 Time Bound：表示截止期限。对于一个目标而言，如果没有截止期限，基本就等同于无效目标。

企业管理中经常会使用SMART原则，来衡量企业所制定的目标或者确定的考核标准是否有效，是否可实行。

2.2.5 竞争思维

新媒体时代，也是注意力变现的时代，一切吸引眼球的事物都会带来效益。新媒体文案是吸引新媒体用户注意力最为关键的因素之一，因此，新媒体文案之间的竞争非常激烈。作为新媒体写作人员，要做好两件事：一是吸引用户的注意力，二是让用户的注意力保持更长时间。要做到这两点，新媒体写作人员在进行新媒体写作时就需要注意以下几点。

1. 坚持内容原创

新媒体写作人员如何才能坚持原创，并快速创作出优质的原创内容呢？

首先，在写作之前要先找到优质的内容参考。那么，什么样的内容称得上优质呢？这里有一个评判标准，大家可以通过"热度"来寻找优质内容参考。例如，"即时热榜"就是一个很好的热点、热榜平台，该平台上聚合了科技、娱乐、社区、购物、财经、开发、校务和报刊等10大领域的热点资讯和热门榜单，以及各类网络爆款文章，如图2-7所示。新媒体写作人员可以利用这类热点、热榜平台来收集优质的内容参考信息。

图2-7 "即时热榜"平台

其次，要想保证新媒体文章的原创性，就要学会提炼观点、博采众长。在遇到优质的热点文章时，新媒体写作人员可以把里面的观点提炼出来，然后结合自己的看法，形成一个新的框架，最后往里面填充内容即可。这样做的好处就是，既可以博众家之所长，又可以快速创作出一篇原创文章。这种办法特别适合知识储备不足、能力不是很强的新媒体写作人员。但要想创作出更多优质的原创文章，新媒体写作人员还需要不断地学习和积累，增加自己的知识储备。

2. 打造个人IP

在新媒体时代，要想拥有自己的粉丝阵营，就必须打造个人IP。个人IP主要由广告标语、领域和内容三部分组成，如图2-8所示。

广告标语的重要性体现在，它能使大众仅仅通过一句简短的话语就认识一个品牌，通过一句口头禅就认识一个人。例如，2012年微信刚推出公众平台时，将"再小的个体也有自己的品牌"作为了广告语，如今这句广告语已成为新媒体时代的宣言。

图2-8　个人IP的构成

领域和内容也很好理解，打造个人IP要有明确的领域，如美食、旅游、美妆、搞笑、健身或某个个人形象；要想持续出现在大众视野当中，除了要有广告标语和明确的领域以外，还要做好核心内容的输出。

想要成功打造个人IP，还需要明确的核心定位、优质的垂直内容、有效的运营策略，以及积极地与粉丝互动，这样才有可能完成商业转化。

（1）明确的核心定位。

打造个人IP首先需要进行定位，新媒体写作人员可以从目标群体、自身情况、外部环境3个方面入手明确个人IP的核心定位。

- 从目标群体入手，分析用户基本特征和喜好。只有掌握了用户的心理特征才能抓住他们的消费动向。
- 从自身情况入手，通过分析自己的优势和劣势，确定自己适合创作哪方面的内容，不适合创作哪方面的内容。
- 从外部环境入手，分析整个市场的竞争情况，找准对标的竞争对手。

（2）优质的垂直内容。

在"短、平、快"的新媒体时代下，具有垂直深度的内容不仅能得到粉丝的密切关注，同时也能得到广告主的青睐。做垂直内容的关键在于"专业＋创新＋持续"。打造个人IP很关键，只有专业的内容才能获得更多的关注，而那些创新性的内容将赋予个人IP强大的生命力。当然，要想成功塑造一个个人IP，除了专业和创新内容以外，还要保证内容的持续输出。

（3）有效的运营策略。

打造个人IP的目的在于被大众所熟知，从而获得更大的经济效益。要想让自己的个人IP被大众所熟知，就需要进行运营宣传。在执行运营策略时，主平台持续发力、有选择地投入广告、整合平台资源、借势宣传，以及和大咖联合互动等都是非常关键的运营策略，能有效帮助新媒体写作人员打造个人IP。

（4）积极地与粉丝互动。

在积累了一定量的粉丝之后，运营者与粉丝之间的互动就显得尤为重要了。积极地与粉丝进行互动，可以提高粉丝的活跃度和黏性，甚至能形成病毒式的传播。常见的粉丝互动方式有抽奖、话题互动、直播互动、评论区及时回复、粉丝意见的展现等。例如，某知识分享类KOL为强化其个人IP，在其微信公众号上发布内容与粉丝进行互动，如图2-9所示。

在与粉丝进行互动时，运营者要积极、热情、认真，为自己的行为负责，并展现出为粉丝着想的态度。

（5）商业转化。

实现商业转化，即IP变现，是许多人打造个人IP的初衷。如何让自己的个人IP实现价值最大化，也是运营者在打造个人IP之初就需要认真思考的问题。目前，个人IP的商业转化方式有选品推荐、植入广告、联名合作、直播带货等。图2-10所示为抖音平台上某知名美食类主播正在进行直播带货。

在选择变现方式时，运营者要选择与自身定位、形象相吻合的变现方式和带货产品，不能什么广告和产品都接，否则会影响后期的粉丝信赖度。

3. 线上和线下相结合

在竞争激烈的新媒体行业中，只布局线上运营是远远不够的。只有线上和线下结合，才能进一步提高新媒体运营的核心竞争力。当企业的线上新媒体运营获得众多粉丝认可之后，运营者就需要结合线下实体商业赋能了。

结合线下实体商业赋能，可以选择自主实体项目，也可以选择与社群进行资源合作，还可以选择与一些大品牌进行合作，做联合推广。例如，某餐饮团购平台通过其企业微信群销售线下餐饮团购套餐，如图 2-11 所示。

图2-9 微信公众号上发布的互动内容

图2-10 抖音直播带货

图2-11 某企业微信群中销售的线下餐饮团购套餐

2.3 新媒体写作的选题策略

在进行新媒体写作之前，新媒体写作人员首先要弄清楚作品面向的读者到底是谁，他们的"痛点""兴趣点"是什么。这个思考的过程，实际上就是在选题。只有先解决了要"写什么"这个问题，新媒体写作人员才能顺利开启自己的新媒体写作之旅。

选题既不是某一个事件，也不是标题。简单来说，选题就是写作的方向，作者通过讲述某件事向读者传递某个道理或某个观点，引发读者的好奇心，让读者从中得到启迪，认可作者的观点和想法。

2.3.1 优质选题策划的底层逻辑

在进行选题时，不同的写作人员会有不同的选题思路和方法，但选题策划的底层逻辑大致是相同的。优质选题策划的底层逻辑包括三个方面的内容，分别是用户分析、痛点分析和转发分析，如图 2-12 所示。

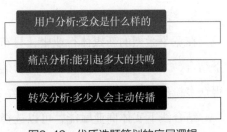

图2-12 优质选题策划的底层逻辑

1. 用户分析：受众是什么样的

用户分析即对新媒体文案受众进行相关的数据分析，掌握用户的人群画像，从而有针对性地进行选题策划。下面我们以某微信公众号为例进行用户分析。微信公众号后台拥有专门的"用户分析"模块，我们可以查看公众号的用户增长数据和用户属性数据。

（1）用户增长数据。

用户增长数据既能直观反映公众号的粉丝人数变化情况，同时还能从侧面反映出某一时间段内公众号受用户欢迎的程度。用户增长数据包括4个关键指标，即新关注人数、取消关注人数、净增关注人数和累积关注人数（见图2-13），它们的含义如下。

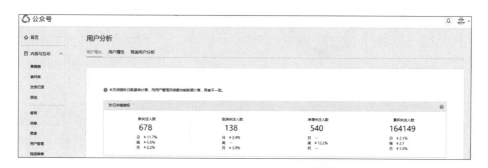

图2-13　用户增长数据的4个关键指标

- 新关注人数：新关注的用户数（不包括当日重复关注用户）。
- 取消关注人数：取消关注的用户数（不包括当日重复取消关注用户）。
- 净增关注人数：新关注用户数减去取消关注用户数。
- 累积关注人数：目前关注公众号的用户总数。

> 在进行用户分析时，除了可以查看用户增长数据的4个关键指标及它们的趋势变化图以外，还可以查看公众号的用户增长来源，了解用户主要从哪些渠道关注公众号，从而找到合适的推广渠道，提高推广的效率。

（2）用户属性数据。

用户属性数据即用户画像，新媒体平台会根据用户的性别、年龄、地域等不同属性对用户进行划分。分析用户属性数据，可以更有针对性地为用户提供优质的内容和服务。在微信公众号后台的"用户分析"模块中，用户属性数据包括"人口特征""地域归属"和"访问设备"三部分内容。例如，某微信公众号用户属性数据的"人口特征"数据中展示了用户的性别分布、年龄分布和语言分布等情况，如图2-14所示。

图2-14　用户属性数据中的"人口特征"数据

2. 痛点分析：能引起多大的共鸣

爆款文章的产生，大多数是因为文章本身能令读者产生共鸣。要想形成病毒式的传播效果，让文章在各大媒体平台被大量转发，就必须抓住用户的痛点。在策划选题时，新媒体写作人员不仅要追热点，还要抓住用户的痛点，满足他们的情感需求，这样才会引发读者共鸣和讨论。

例如，某微信公众号上有一篇名为《妈妈，你怎么凶我，我都爱你》的文章，（见图2-15），这篇文章一经发布就引发了病毒式的传播，在朋友圈形成了席卷之势，一时之间风靡各大新媒体平台，引起大众的广泛关注。

图2-15　某微信公众号文章《妈妈，你怎么凶我，我都爱你》的部分截图

这篇文章在公众号上发布后，10个小时阅读量达到了400万，20个小时阅读量达到了2100万，4天之内阅读量就突破了4000万。仅凭这一篇文章，该公众号就吸引了50万粉丝，这样的数据在行业内可以称得上是一个不小的创举。

那么，是什么原因促使这篇文章达到了千万阅读量的级别呢？虽然互联网上阅读量达"10万+"的文章也有很多，但要想达到上千万的阅读量，还是有一定难度的。这篇文章的取胜之道到底是什么呢？新媒体文案写作以"内容为王"，表现形式则是视觉效果的保障。所以，下面我们就从内容和表现形式两个方面入手，对这篇文章进行分析。

首先，《妈妈，你怎么凶我，我都爱你》这篇文章的选题不错，以"母爱亲情"为主题的文章一般很容易引起读者共鸣,可见作者在情感氛围的营造上还是很用心的。文章以讲故事的形式展开,这也是抓住读者眼球的主要技巧。另外,每讲完一个故事,作者都会通过一个重点句子来总结相关感悟。比如,"在孩子的心里,总是把妈妈摆在一个很重要的位置,远远超过我们的想象",这些句子在无形之中也会引发读者的情感共鸣,从而为促进读者转发文章起到不小的推动作用。

3. 转发分析:多少人会主动传播

有些新媒体写作人员在发文之前,总是会陷入如何选题的困境,可能苦思冥想很久也无法找出一个满意的选题。就算勉强写出文案,效果也可能不尽如人意。那么,什么样的选题能够引起读者的共鸣、击中他们的痛点,并让他们主动传播呢?通常情况下,情感类话题比较吸引人,而且更利于读者传播。

例如,某篇名为《凌晨两点,一个电话救了一条命:别死了,我爱你》的新媒体文章,仅发布一天,其浏览量就高达400多万。不少读者在阅读完该文章后都主动分享、转发了该文。同时,评论区读者的温情留言和作者的真诚回复也都营造了一种人间有大爱的氛围,如图2-16所示。

图2-16 评论区部分留言

这篇文章能够引起广泛关注和转发,主要有两个原因。

首先这篇文章的结构井然有序,选题也能很好地命中用户的痛点。从标题上就可以看出作者的良苦用心,标题成功地引起了读者的好奇心。"珍爱生命"是整篇文案的核心，也是作者想要传达的主要思想。这篇文章的作者用5个部分，分别讲述了主人公李勇作为自杀干预盲人接线员遇到的5个案例，引发了读者共鸣和不小的讨论度，同时也牢牢扣住了主题。

其次，这篇文章在结尾处通过"珍惜来之不易的健康和平安，比什么都重要"总结升华了文章的内容，并且与文章的主题呼应。同时，又对这5个故事背后的情感进行了更为深刻的剖析。

在写作新媒体文章时，"热点"虽然是重头戏，但也不是什么话题热就写什么内容，在"热"的同时还要找准绝大多数读者的需求。《凌晨两点，一个电话救了一条命：别死了，我爱你》这篇文章的作者在选题时，就兼顾了"热点"与"痛点"这两个选题的关键点，因此这篇文章成了爆款。

2.3.2 寻找选题的常用方法

这是一个人人都可以发声的时代，人人都是新媒体内容的创作者，所以内容的同质化现象很严重。新媒体写作人员要想从同质化的内容中跳脱出来，吸引到更为精准的流量，寻找一个好的选题非常关键。下面就为大家介绍几个寻找选题的常用方法，以帮助大家快速、高效地找到优质选题。

1. 关注"热点"，借势做选题

作为新媒体写作人员，一定要懂得顺应市场变化，了解用户的关注点和喜好，只有这样，文章的阅读量才会更高。观察市场上的那些爆款文章不难发现，它们大多是热点文。热点话题是最受大众关注的话题，也是最能引发大众热议的话题，可以获得大量传播，因此很容易出现爆款文章。想要快速提升阅读量，积累粉丝，扩大知名度，"追热点"无疑是一条适合新媒体写作新人的捷径。

"热点"有话题、有热度，也有流量，对于新媒体内容传播来说非常重要。那么，如何"追热点"才能找到合适的选题呢？在"追热点"时应掌握以下几个要点。

（1）搜索热点。

热点的搜索渠道有很多，如微信公众号、朋友圈、微博、今日头条、抖音等。通常来说，当各大微信公众号都在从不同角度阐述同一件事，或者一篇推文被大量转载时，那么这件事就有可能是热点。关注公众号的推文或者精选内容时，文章下方的评论区千万不要忽视了，有时文章可能并不是特别出彩，但它的评论区却有很多亮点，很可能会为新媒体写作人员提供一个切入热点的绝佳视角。

此外，微博也是搜索热点的主要渠道，很多热点事件都是通过微博在网络上传播开的。微博平台上还有专门的"微博热搜"，每天都会实时发布热搜信息排行榜，如图2-17所示。新媒体写作人员要善于关注微博热搜话题的热度和质量，这样才有助于热点的搜寻。

（2）判断热点。

通过搜索可以获取到很多热点信息，新媒体写作人员需要将这些热点信息一一罗列出来，以关键词的

图2-17　"微博热搜"页面

形式将它们记录下来。然后全面梳理热点事件的始末，思考是否适合作为写作的素材，有多少有价值的内容可以用于新媒体写作中，以此来判断热点选题的可操作性。

（3）运用热点。

知道了一个热点以后，应该如何将其呈现成一篇内容或者一个短视频呢？新媒体写作人员可以从热点中的某一话题或某一角度切入展开讨论，深刻剖析热点中有价值的信息，分析受众的相关需求点，从而找到独特的选题角度，给人耳目一新的感觉。

（4）培养网感。

其实，对热点的判断更多靠的是网感，而不是工具。因为"追热点"讲究时效性，过了热点的热度期再去"追热点"，就很难做出爆款内容了。所以，要想通过热点话题来寻找合适的选题，新媒体写作人员平时就要系统地对网感进行训练。例如，每天对准一个平台的热搜进行排序预估，当一个新话题出来时，预测这个话题是否能上热搜榜、大概会排在热搜榜的第几位。

> 　在寻找热点时，新媒体写作人员一定要寻找与自己所在新媒体平台调性相贴合、相关联的热点。

2. 做好垂直领域的深度挖掘

新媒体写作人员如果能坚持写一种文体和类型的文章，就有可能逐渐成长为

该垂直领域的优质作者。比如，某一作者长时间创作与情感有关的文章，并保持持续更新，那么，该作者就有可能被某些新媒体平台认证为情感领域的优质作者。

那么，怎样做好垂直领域的深度挖掘，为新媒体写作的日常选题提供突破口呢？为了便于自己做选题，新媒体写作人员可以将日常积累的内容打造成一个选题库，写作之前从选题库中挑选合适的选题即可。另外，新媒体写作人员也可以从竞争对手账号里选择爆款文章加入选题库中，然后对那些比较精准的竞争账号进行深度分析，主要分析竞争对手爆款文章的内容及标题，从而找出切合自己账号的内容并储存备用。

3. 借鉴同行爆款文章

爆款文章既然能火爆全网，得到众多读者的认可，那一定有它的可取之处。新媒体写作人员要学会分析爆款文章，掌握这些文章的“爆点”和精髓，然后模仿这些文章进行写作。

2.3.3　新媒体文案选题策划技巧

在创作新媒体文案的过程中，选题和标题一样重要。有了好的选题，文案就成功了一半。下面就为大家介绍几个新媒体文案选题策划技巧，以帮助大家轻松实现日更和写出爆款文案。

1. 根据阅读量和分享量较高的热门文章策划选题

根据那些阅读量和分享量较高的热门文章策划选题，更容易创作出高流量的爆款文章。下面我们就来看看通过阅读量和分享量较高的热门文章策划选题的几个切入点。

（1）直击用户痛点。

从热门文章中挖掘出某一用户群体的痛点，这样的选题会更有阅读量。用户的痛点就是他们的关注点，抓住用户的痛点就等于是抓住了用户的眼球。

例如，一篇名为《打工人，要涨工资了！》的文章（见图 2-18）就击中了职场人想要提高工资收入的痛点，使不少身为“打工人”的读者不由自主地想要点开文章，看看自己的工资究竟能涨多少。

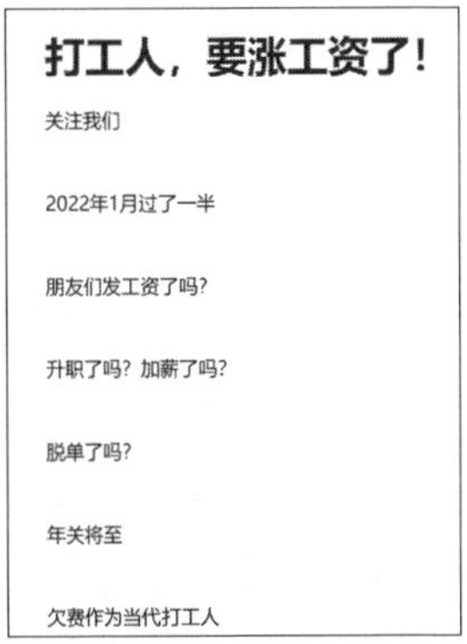
打工人，要涨工资了！
关注我们
2022年1月过了一半
朋友们发工资了吗？
升职了吗？加薪了吗？
脱单了吗？
年关将至
欠费作为当代打工人

图2-18　直击用户痛点的新媒体文章截图

(2)引发情绪共鸣。

人们在日常沟通中,很多时候是在做情绪上的沟通。人们的情绪有很多,如好奇、愤怒、恐惧、焦虑和温情等。那些带有情绪的热点文章,能令用户产生情感共鸣的文章,更容易在用户之间形成传播。

例如,一篇名为《膳食专家建议这4种食物千万不要给孩子吃,特别影响大脑的发育!》的文章(见图2-19),很好地吸引了有小孩的家长们的关注。家长们看到这个标题就会产生一种紧张情绪,迫切地想知道什么食物不能给孩子吃。阅读完文章后,有些家长还可能会相互转发这篇文章,从而促进了文章的传播。

图2-19 引发情绪共鸣的新媒体文章截图

(3)找到争议点。

对于同一个热点话题,不同的用户往往有着不同的立场和见解,新媒体写作人员要挖掘出争议点进行表达。

例如,网上一篇名为《"眯眯眼"为什么让人不舒服?》的文章(见图2-20)非常火。这篇文章开头就道明了某品牌广告被网友质疑包含"眯眯眼"等丑化国人的元素,引发热议并登上热搜。作者针对"眯眯眼"本身展开了探讨,并提出了自己的观点:个人的容貌是先天决定的,眼睛大小和美不美并不能画等号,更不能说眼睛小的人就不能当模特、不能上海报。作者认为这张宣传海报能引起这么大的舆论风暴,反映了中国网友反歧视、为自己民族正名的意识。面对这样一个热点事件,网络上有很多不同的声音,关于"眯眯眼"是否符合主流审美的话题讨论也是此起彼伏。该文章正是从这些争议点切入进行了写作,才引来了读者的激烈讨论,从而也为文章带来了更多的阅读量和评论数。

> "眯眯眼"为什么让人不舒服？
>
> 一个人的容貌大部分是先天决定的，眼睛大眼睛小更不能跟美不美画等号，更不能说眼睛小的人就不能当模特、不能上海报，这种观念早已根植于现代社会。中国网友整体三观还是挺正的，绝大多数质疑▇▇▇的网友们也并没有攻击模特的长相、或者质疑她为▇▇▇代言本身。
>
> 这种质疑更多聚焦于品牌方为模特打扮的妆容。无论初衷如何，这种妆容造成的客观效果很容易让人联想起"眯眯眼"，而这是西方对亚裔、华裔的刻板偏见。作为在零食业界有巨大影响力的品牌，▇▇▇在制作宣传品时需要有这个观念，避开这些敏感元素，也省得自身陷入舆论漩涡。

图2-20 找到争议点的新媒体文章截图

（4）开拓反差视角。

面对一篇阅读量和分享量均较高的热门文章，新媒体写作人员可以换个角度思考，运用逆向思维，找出文章中的反差点，开拓令人耳目一新的独家视角。

例如，在名为《这类孩子看起来很聪明，长大后却容易没出息！》的文章（见图2-21）中，作者阐述了一些孩子古灵精怪，看起来很聪明，但是长大后却容易没出息的观点，因为这类孩子喜欢耍小聪明，时间一长就容易养成投机取巧、贪小便宜等坏习惯。文章中强烈的对比和反差，让用户眼前一亮，用户自然会想点击阅读，一看究竟。

> **这类孩子看起来很聪明，长大后却容易没出息！**
>
> 2018-12-18 14:06
>
> 孩子的教育问题一直是父母很注重的事情，每个孩子都是家里的宝贝。为了不让孩子输在起跑线上，家长们会努力为孩子提供好的学习环境和资源，让孩子有一个好的学习氛围。不过现在的小孩古灵精怪，经常会想出很多奇特的点子，让家长招架不住。所以很多家长在孩子的教育上，会咨询一些教育专家。

图2-21 开拓反差视角的新媒体文章截图

2. 汇总数据策划选题

分析用户需求，汇总数据策划选题，也就是基于用户需求做选题。用户关心什么内容，就做什么样的选题，写相应的文章。百度、知乎等知识问答类平台是获取用户需求最理想的平台，新媒体写作人员可以通过搜索引擎和爬虫工具在这些平台上收集用户需求数据。

很多用户在遇到问题后,做的第一件事就是到网上搜索自己需要的答案。所以,运用搜索引擎寻找精准的潜在问题是一个很好的方法。例如,在百度搜索栏里输入"新媒体文案",下面就会出现好几个相关的关键词(见图2-22),这些词句就是现阶段被频繁搜索的热词,新媒体写作人员就可以利用这些热词来策划选题。

又如,在知乎平台上,每个知乎问题都会展示关注者和被浏览量,如图2-23所示。新媒体写作人员只需挑选那些关注者多和被浏览量较高的问题来策划选题。

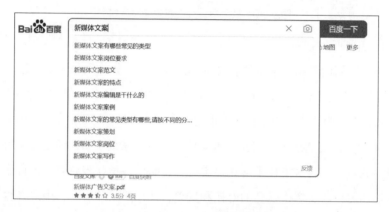

图2-22　利用百度搜索引擎来搜索热词

图2-23　知乎问题中展示的关注者和被浏览量

3. 关注同行、爆款大号策划选题

通过关注同行、爆款大号的方式,同样可以找到一些选题思路,具体的做法如下。

· 关注各种微信公众号,了解哪些账号"追热点"比较快,将这些账号作为"追热点"的"情报员"。
- 关注各大行业网站,以及它们的头条推荐内容。
- 关注百度、百度搜索风云榜,关注百度指数较高的热点。
- 关注微博的热搜榜。
- 从朋友圈中筛选经常提供热点信息的人。

> 另外,在策划选题时还需要注意两点:一是选题覆盖人群一定要广,尤其在知名度比较低时,选题一定要是面向大众的,这样成为爆款文章的机会就会更大一些;二是选题一定要利于用户转发分享。

2.4 新媒体写作素材的搜索渠道与搜索方法

新媒体写作需要大量的素材、资料,本节将为大家总结一些常用的新媒体写作素材的搜索渠道与搜索方法,以帮助新媒体写作人员快速获取内容丰富、定位精准的写作素材。

1. 四大门户网站

四大门户网站分别是新浪(偏时政)、搜狐(偏娱乐)、网易(偏品质)、腾讯(偏生活),浏览这些网站,可以看到一些比较新颖的新媒体文案标题,新媒体写作人员从中可以找到新媒体选题策划和标题写作的思路。

2. 垂直行业媒体

通过垂直行业媒体搜集垂直行业的素材会更加精准。比如,可以在百度平台上搜索某个垂直行业,然后查看该垂直行业的相关网站。在微信公众号、今日头条、抖音、知乎、微博等平台上也有各类垂直账号,新媒体写作人员只需要沿着垂直账号搜索相关内容即可。

3. 优质新媒体账号

如果遇到了优质的新媒体账号,新媒体写作人员也可以直接关注该账号,定期浏览该账号的作品,将优质的内容记录下来,作为自己的素材和观点来源。

4. 专业书籍和课程

借助专业书籍和课程,能够掌握更加系统的知识和内容。尤其是要进行干货类新媒体内容创作的人员，更需要这些系统化的素材和资料。

5. 整理素材库

新媒体写作人员可以利用智能手机上的某些工具，如笔记、备忘录、照相机等，随时随地将有价值的信息记录下来，后期再整理成专用的素材库以方便取用。

2.5 如何搭建新媒体文章的框架

进行新媒体写作之前，最好能够搭建一个新媒体写作的框架，然后有针对性地搜集素材，进行填充。下面为大家介绍几种常见的新媒体文章框架。

1. 2W1H框架

在日常工作中遇到需要解决的问题时，我们经常会问自己3个问题：是什么（What）、为什么（Why）和怎么做（How），这就是典型的2W1H思维框架。

- What（是什么）是用来发现问题、引出问题的，如新媒体文章中的事情经过，作者需要以此为伏笔展开后续的讨论。
- Why（为什么）是用来解决问题的，即透过现象发现问题的本质，引发读者的兴趣。新媒体写作人员可以在段落中用金句和案例来支撑自己的观点。
- How（如何做）是提升价值的过程，或者在结尾以某个方法结束全文，让读者有收获感、成就感，或者有情绪上的触动，这样读者才愿意点赞、分享。

下面以"双减"政策背景下，某知名教育企业不再向幼儿园至九年级学生提供学科相关培训服务这个社会热点事件为例，运用2W1H框架组织文章内容。

What：介绍该教育企业的相关情况，并介绍"双减"政策是什么、教培历年改革的过程是怎样的等内容。

Why：讲解为什么要取消这样的业务，是因为教培时代结束了。这里也可以延伸讲解一下教培时代结束的原因。

How：面对这样的大背景有什么应变的措施，应该怎样做，或者有什么启发。

在这样的框架中添加内容，逻辑就不会混乱，也不容易出现偏题的情况。

另外，2W1H框架主要适用于观点类、干货类文章。运用2W1H框架进行新媒体写作时需要注意，文章中不可堆砌太多的数据，案例也不要过于详细，重点在于解说。

2. SQA框架

SQA框架有3个部分组成，分别是Situation（情景）、Question（问题）和Answer（答案）。SQA框架与2W1H框架的逻辑差不多，都是提出问题、分析问题、解决问题。只是在SQA框架中，文章开头需要利用情景故事来引出问题，中间分析问题，最后提出解决问题的方案和建议。

例如，名为《为什么大多数人，会困在狭小的圈子里终此一生？》的新媒体文章就运用了SQA框架搭建了整个文章的框架。首先该文章在开头处以各种小事，如家长里短的各种纠纷，以及"母亲听说看场电影要花50块，觉得不可思议，一定是被骗了"等片段，引出了问题，给出了观点："他们中的绝大多数人很难实现认知升级，只会就此终老一生。"接着又从自身的一些经历（如与朋友发生争吵）出发，阐述了为什么会有这样的现象发生。最后提出了解决问题的建议，即分别从"读书""模仿""交流""倾听"等方面提升自我认知。

3. NQASV框架

如果要写作"热点文"，那么使用2W1H框架和SQA框架就不太合适了，这时需要使用NQASV框架来搭建文章内容。NQASV框架有5个组成部分，每个组成部分的含义如下。

- N："News"，即开头描述当下热点。
- Q："Question"，即提出一个角度新奇的问题。
- A："Analysis"，即对提出的问题进行分析。
- S："Story"，即根据分析阐述一个故事进行验证。
- V："Viewpoint"，即根据全文总结观点。

例如，"某艺人夫妻发布了离婚声明"这种热点事件就可以利用NQASV框架进行写作，具体的写作方法如下。

第1步：开头描述热点。可以在文章开头直截了当地向"吃瓜"群众说清楚什么人发生了什么事情。在描述热点时，内容应尽量简短，把艺人夫妻离婚的时间线捋清楚即可，也可以适当配图。

第2步：提出一个角度新奇的问题。在新媒体写作中，利用读者的猎奇心理进行写作是非常重要的写作手段。找到一个兴趣点，然后按照时间线、逻辑线将其陈述出来，就很容易勾起读者的好奇心，迫使他们去文章中寻找问题的答案。比如，在艺人夫妻离婚这一热点事件中，可以延伸讲解一下这对夫妻的婚姻隐患。

第3步：对提出的问题进行分析。根据热点延伸挖掘内容，补充自己的观点。比如，针对艺人夫妻离婚这一热点事件提出自己的观点：遇见对的人会治愈你，遇见错的人会消耗你，而成年人理智的标准之一就是及时止损。

> **提示** 新媒体写作人员可以从自己的角度去分析问题，给出观点，但切记不可为了获得更多流量，而通过情绪化的方式煽动读者。

第4步：根据自己的观点，引出一条名言、一个理论或一个故事。比如，在艺人夫妻离婚这一热点事件中，提出了"成年人理智的标准之一是及时止损"的观点后，就应该通过一条名言、一个理论或一个故事，从侧面证实"及时止损"的重要性。

第5步：根据全文升华观点。围绕最初的热点事件对"及时止损"这个观点进行深度阐释。比如，"婚姻经营不易，需给予最大的敬畏。生活在聚光灯下的艺人夫妻，平时聚少离多，需要承受更多的压力。但是当夫妻二人逐渐变成两条平行线，逐渐形同陌路时，继续在一起的话，对余生都是一种煎熬，何不就此止损呢？！

4. 清单式框架

清单式框架的内容简单清晰，且各段落相互独立，适用于个人成长类、科普类文章。对于清单式框架的文章，读者一看标题就能知道文章各个部分的并列关系，像列清单一样。

例如，新媒体文章《血脂高不想吃药？先从这几件事做起》，从"改变生活方式""及时应用药物，进行系统治疗"等方面科普了高血脂症患者在生活中需要注意什么，清单式框架让内容一目了然，如图2-24所示。

图2-24 清单式框架的新媒体文章示例

利用清单式框架进行写作，首先要想好一个核心主题和多个小主题，然后搜集素材，最后点题升华主题，这样文章的框架就变得清晰明朗了。

5. 递进式框架

递进式框架的重点是如何分解中心论点，使得内容逐层深入。递进式框架有3种方式进行内容递进。

- 第1种：由浅入深。比如，针对"失业率增高"这一事件，先讲述该事件对个人的影响，再讲述该事件对家庭的影响，最后讲述该事件对社会的影响。
- 第2种：按照"提出问题→分析问题→解决问题"的思路安排论证结构。
- 第3种：反例解剖法。针对某些不好的现象，分析其危害，挖掘其根源，指出解决之道。也就是按照"讲解现象→分析危害→挖掘根源→给出办法"的逻辑进行写作。

例如，名为《令人心动的 offer 暴露扎心真相：没有谁的工作是不委屈的》的文章，作者是一家大型企业的实习生，他首先在文章开头提出了自己的观点："解释显得苍白无力，抱怨解决不了任何问题"，然后用4个篇幅来论证自己的观点。

第一部分，作者通过讲述同事因受委屈要离职、外卖员送餐、销售员陪酒等案例突出了自己的观点："抱怨，是这个世界上最无用的情绪"，也就是在为读者解释抱怨是什么。

第二部分，作者通过成功人士的奋斗经历再次论证："成熟的人不会抱怨，只会默默解决问题"，即告诉读者为什么不能抱怨。

第三部分，作者通过身边从事新媒体工作的朋友，从抱怨，到面对，再到解决问题，最后得到报酬的经历，得出升级版观点："工作虽然很累也很难，但它带来的回报，能够治愈我们的不安"，也就是在告诉读者解决抱怨的问题后能带来什么。

结尾部分，作者用"委屈成本""焦点效应"等名词进行延展阐述，总结出"与其抱怨，沉浸在委屈中，不如行动"的观点，以此点题升华了全文的核心观点，引起了读者的强烈共鸣。

课堂实训——新媒体写作的结构解析

某微信公众号发布了一篇名为《原来，这就是"馅饼定律"（发人深省）》的文章，发布仅仅一天其阅读量就突破了 300 万。该文章采用了总分总的结构形式，从案例着手引出了“脚踏实地”“保持理智和清醒”“不贪小便宜”等引人深思的道理。

该文章共分为 5 个部分，每个部分的核心内容如下。

第一部分提出了核心观点：“天上是不会掉馅饼的，即使真的有馅饼掉下来，小心地上也有个陷阱在等着你”，如图 2-25 所示。

相信每个人都曾幻想过“天上掉馅饼”的好事儿。

但现实是：

“天上是不会掉馅饼的，即使真的有馅饼掉下来，小心地上也有个陷阱在等着你。”

这便是社会学中著名的“馅饼定律”。

生活中，我们会碰到一些巨大的利益诱惑，它们就像从天而降的“馅饼”，让人垂涎三尺、难以抗拒。

然而，这些看似美味的“馅饼”背后，往往隐藏着意想不到的陷阱。

看懂“馅饼定律”，可以让我们像聪明人一样思考，掌握人生的主动权。

图2-25 第一部分内容

第二部分提出了子观点 1：“贪小便宜吃大亏，无缘无故的利益背后往往是深坑”，然后引经据典并通过多个小案例来阐述了该子观点，如图 2-26 所示。

1

YOU SHU

- **贪小便宜吃大亏，无缘无故的利益背后往往是深坑**

看过这样一个有趣的寓言故事。

有一个特别爱占小便宜的人到集市上去买鞋，想买好的又不舍得花钱。

正巧，有一个摊贩跟他讲：

> “我这里的鞋随便穿，一分钱都不收你的，但是有一个条件，就是三天内不许说话。”

他心想：这有什么难的，真是白捡了个大便宜。

于是他挑了一双500元的鞋子，高高兴兴地回家了。

图2-26 第二部分内容

第三部分提出了子观点 2：“天上掉馅饼，不是陷阱就是圈套”，然后引经据典并通过多个小案例来阐述了该子观点,如图2-27所示。

图2-27 第三部分内容

第四部分提出了子观点3:"不要指望天上掉馅饼,所有的收获都需要脚踏实地",然后利用清单式框架阐述了该子观点,如图2-28所示。

图2-28 第四部分内容

第五部分总结升华了核心观点:"馅饼掉在自己眼前的时候,保持一点清醒和理智",如图2-29所示。

> 茨威格在《断头王后》中写道:
>
> 66 "她那时候还年轻,不知道所有命运赠送的礼物,早已在暗中标好了价格。"
>
> 任何轻易得来的东西,都会以另一种方式偿还,甚至是付出代价。
>
> 这个社会上,仍然有许多人在制造着"天上掉馅饼"的美事,也仍然会有人上当受骗。
>
> 我们能做的,就是在那些馅饼掉在自己眼前的时候,保持一点清醒和理智。

图2-29　第五部分内容

这篇新媒体文章除了层次分明以外,还通过多个小案例阐述了观点,并且引经据典,利用名人名言升华了核心主题,引发了读者共鸣,读者便主动参与了转发和评论。

课堂小结

本章主要介绍了新媒体写作的基础知识,包括新媒体写作的基本要求、新媒体写作的思维方式、新媒体写作的选题策略、新媒体写作素材的搜索渠道与搜索方法、如何搭建新媒体文章的框架等内容。通过对本章的学习,大家可以了解新媒体写作的基本要求和思维方式,掌握新媒体写作的选题策略、素材搜集方法以及内容框架的搭建等基础技能。

课后作业

1. 请简述新媒体写作的思维方式。
2. 运用清单式框架写一篇与读书有关的成长型文章。

第3章 新媒体文案标题写作

近年来，随着智能手机的普及，互联网成了信息传播的主要渠道，大量的信息分散了用户的注意力。如何能让新媒体文案在巨量的信息中脱颖而出，牢牢吸引用户的注意力，引导用户点击阅读，最终实现文案的变现呢？文案的标题起着决定性作用。本章将从新媒体文案标题的作用、特征、创作要点和技巧等方面详细阐述新媒体文案标题的创作方法。

本章学习要点

- 了解新媒体文案标题的作用
- 熟悉新媒体文案标题的特征
- 熟悉新媒体文案标题创作的基本要点
- 掌握新媒体文案标题的创作技巧

3.1 新媒体文案标题的作用

新媒体文案的标题是吸引用户关注内容的主要因素，标题的好坏也将决定用户是否会进一步阅读正文内容。那么，新媒体文案的标题到底有哪些作用呢？

1. 吸引用户注意力

文案标题是传达信息、吸引用户注意力的重要手段和工具。大多数读者在阅读过标题后，便会根据对其感兴趣或不感兴趣来决定是否继续阅读正文内容。甚至有的读者只浏览广告标题，不看正文内容。用户是否阅读文案，往往取决于标题是否能够唤起用户的注意力与兴趣。由此可见，标题的好坏直接关系到文案的成败。

2. 筛选用户

文案标题通常能言简意赅地表达文案的核心内容，用户在接触标题的一瞬间就可以分辨文案内容是否与自己相关，从而决定是否继续阅读正文的内容，这个过程就是筛选用户的过程。

每一篇文案都有相应的目标群体，文案的标题要能够激发目标群体的阅读欲望，迅速唤起他们的共鸣，取得观点、态度上的认可。筛选用户较为简单的方法就是写好标题以后，站在读者的角度去思考，如果自己看到这个标题会不会有点击阅读的欲望。作者也可以将文案标题发给身边的朋友，看看他们在看到这个标题后有没有点击阅读的欲望。

另外，通过文案标题除了可以筛选出合适的读者以外，还可以剔除那些不适合该文案的用户群体。例如，某新媒体文案的目标用户群体为年轻的女性，那么该文案在标题设计上就要贴合年轻女性用户的特征，如图3-1所示。这样一来，年轻的女性用户看到标题后就会有点击阅读的欲望，而其他用户群体则不会去点击该文案。

图3-1 符合女性特征的新媒体文案标题

3. 驱使行动

大多数营销文案的标题为号召式标题，具有较强的感召力，能够驱使用户快速做出购买决定。用户能够从号召式标题中感受到文字所散发出的强大号召力，促使他们做出相应的行动。例如,淘宝平台上某条"种草"文案的标题《打工人解压神器!后悔没有早点入它!》,以及某条商品短视频的标题《相信我,小户型一定要试试折叠餐桌!!》(见图3-2),都具有很强的感召力,用户看到这些标题就会产生购买商品的冲动。

图3-2 具有很强感召力的商品营销文案

3.2 新媒体文案标题的创作方法

标题是新媒体文案的门户,决定了文案的打开率。一篇文案无论内容有多么精彩,如果标题没有经过精心设计,那么该文案就很有可能被湮没在浩瀚的信息中。下面我们将从新媒体文案标题的创作角度出发,为大家详细讲解新媒体文案标题的特征以及新媒体文案标题创作的基本要点,同时还会为大家介绍一些常用的新媒体文案标题创作技巧。

3.2.1 新媒体文案标题的特征

标题创作是新媒体文案创作中最关键的部分之一,如果标题缺乏吸引力,用户就很难产生进一步阅读文章的兴趣。一条好的新媒体文案标题通常具有4个特征,如图3-3所示。

图3-3 新媒体文案标题的特征

1. 简单明了，接地气

新媒体文案的标题应尽量简洁明了，语言表达上也要接地气。文案的标题一定要与正文内容相对应，切忌夸大事实，否则就会变成"标题党"。文案输出是一个长期持续的过程，讲究长久的效益，如果文案标题与正文内容差距过大，那么必然会影响文章的阅读量和后续的传播率。

2. 反映用户需求

优秀的文案标题要反映用户的需求，并紧贴文章的内容，这样才能产生吸引力，从而提升用户的阅读兴趣。有趣的标题需要标新立异，同时也要具有自己独特的观点和态度，这样才能在第一时间吸引读者的目光。

3. 表达文章核心观点

新媒体文案的标题最好能表达出文章的核心观点，这样可以加深用户对文案的印象，也容易积累到"铁粉"。

4. 激发受众分享欲

能够牢牢吸引用户关注的文案标题，都是那些新奇有趣、充满创意的标题。有创意的文案标题不仅能吸引用户关注，还能激发受众的分享欲，有效促进文案的主动传播和分享。因此，新媒体写作人员在进行标题创作时一定要有自己固定的标题套路和风格，但时不时也要创作一个有创意的标题，让受众感觉到新意。

3.2.2 新媒体文案标题创作的基本要点

文案的标题决定了文章的点击率和阅读量，而优质的内容则决定了用户的转发率。所以，要想创作出一篇好的新媒体文案，首先需要为该文案设计一个好的标题。新媒体文案标题的创作主要有4个要点，即控制字数、留下悬念、诱导因素和换位思考。

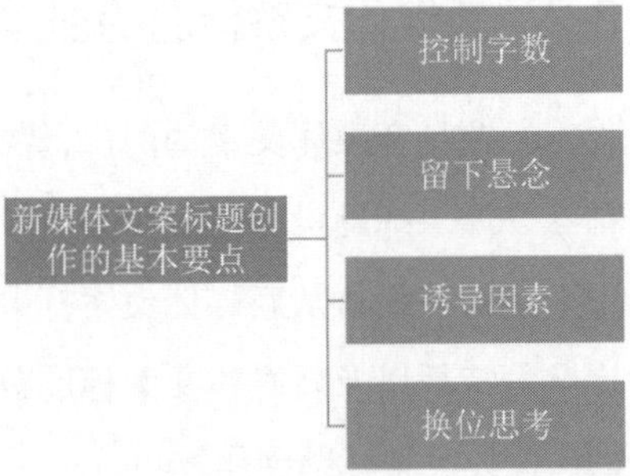

图3-4 新媒体文案标题创作的基本要点

1. 控制字数

新媒体文案的标题要简单明了，为了引人注目，文案标题中要有关键词，且关键词需尽量靠前显示，让用户能够快速抓住文案的重点。另外，文案标题要有一定的字数限制，尽量控制在20字以内，可以去掉的多余字词一定要果断删除。

2. 留下悬念

新媒体文案的标题要想吸引用户阅读正文,就需要运用一定的技巧将正文的核心思想体现在标题中,但又不能写得太全面,要充分利用用户的好奇心,在标题中制造一些悬念,这样才能促使用户产生阅读兴趣。

例如,某微信公众号的一篇文章的标题为《考试开始~才不告诉你答案就在文末……》,就为读者留下了深深的悬念,告诉读者文末有答案,促使读者浏览完全文,如图3-5所示。

3. 诱导因素

在进行新媒体文案标题创作时要进行适当引导,让目标人群看到,使他们产生"该文案内容与自己有关,一定要看看"的想法。使用这种方法创作标题,既可以目标群体(如女性、男性、老人、小孩、父母等)作为诱导因素,也可以用目标群体的反面群体或关联群体作为诱导因素。

例如,某微信公众号的一篇文章的标题为《父母若管不住自己,很多教育都是无用的》,目标群体是有孩子的年轻父母,诱导因素是孩子,每一位父母都很重视自己孩子的教育问题,因此,以孩子的教育问题作为诱导因素,就很容易吸引那些年轻父母的关注,如图3-6所示。

图3-5 留下悬念的新媒体文案标题　　图3-6 具有诱导因素的新媒体文案标题

4. 换位思考

新媒体文案创作完成以后，新媒体写作人员需要进行反复浏览，确定文案内容是否需要修改和完善。标题也是一样的，要学会换位思考，站在用户的立场，去思考这个标题是否有足够的吸引力，能否吸引用户点击。如果不合适，就要及时进行修改。

3.2.3 新媒体文案标题的创作技巧

一个优质的新媒体文案标题要符合两个标准：一是能够激发用户的情绪；二是能够提炼正文的关键词或核心要素。下面将为大家介绍一些常用的新媒体文案标题创作技巧，以帮助新媒体写作人员快速创作出吸引力强、受人欢迎的文案标题。

1. 借助热点，快速获得曝光量

在新媒体文案标题中加入热点元素，借助热门事件来为文案造势，可以有效吸引用户的关注，从而提高文案的点击量和阅读量。例如，某新媒体账号发布的一篇标题为《红衣大炮"轰出"文物造假乱象》的文章，以山东废品站发现康熙年间"红衣大炮"，后被网友"打假"这一热点事件为主题，揭示了文物造假乱象，如图3-7所示。该文章凭借这一热点事件，快速获得了更多的曝光量，文章发布仅短短的17个小时，阅读量就达到了5000多。

2. 引起共鸣，用感受触动情绪

如果新媒体文案的标题能够引发用户的情感共鸣，触动用户的情绪，往往就能取得很好的传播效果。能够引发用户情感共鸣的标题，通常具有很强的代入感。例如，某篇新媒体文案的标题为《人到中年，才读懂"生活不易，且行且珍惜"》，该文案标题中提出"人到中年，生活不易，且行且珍惜"这样一个观点，如图3-8所示。而文案正文就从3个方面阐述了人到中年后所遭遇的各种不易，并在结束语中告诉读者，应该珍惜当下所拥有的一切，从而引发读者共鸣，特别是那些身处中年的读者或有过相同经历的读者，更是深有感触。

红衣大炮“轰出”文物造假乱象

2022-05-25 00:00

近日，山东卫视报道了一则新闻，日照市莒县一名驻村书记在废品站偶然发现了两门写有“康熙八年制”的红衣大炮，随即上报文物部门。经专家鉴定，确认两门大炮是真品文物。据《齐鲁晚报》

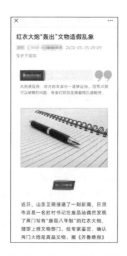

图3-7　借助热点事件创作的新媒体文案标题

人到中年，才读懂“生活不易，且行且珍惜”

原创 2021-10-28 17:36 ·

01

人到中年，生活“一地鸡毛”。

前些天，表哥阿明再一次找我借钱：五千元，用来还装修款。我犹豫了一下，还是爽快地答应了。

阿明哥四十五岁，是两个孩子的爸爸，他在建筑工地做工，妻子原本在工厂做工，日子也还过得去，可去年，阿明哥的妻子突然患上癌症，掏空了家底，所幸手术成功，如今在家休养。

图3-8　能够引起共鸣的新媒体文案标题

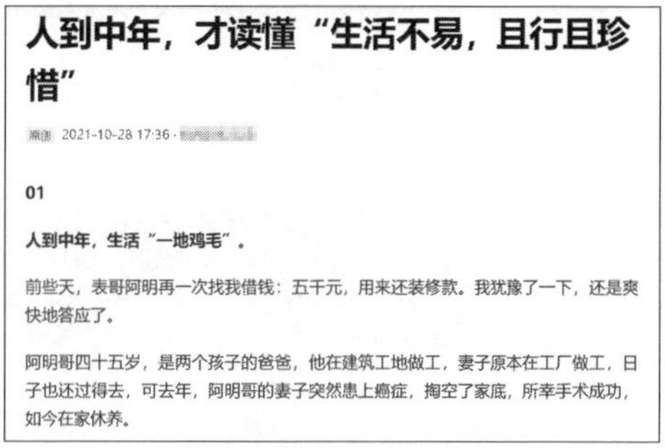

3. 制造悬念，唤起情绪

在新媒体文案标题中适当制造一些悬念，唤起用户的情绪，可以起到很好的传播效果。通常，新媒体写作人员可以采用疑问句式的标题来制造悬念，并唤起用户的情绪，如《在成都月薪多少才养得起娃？》《做自媒体如何才能月入过万？》等标题。例如，某新媒体文案的标题《怎么通过短视频赚钱，短视频如何变现最快？》，就是典型的疑问句式的标题，作者通过在标题中制造悬念的方式，激发用户的好奇心，使他们想要通过阅读正文来寻找答案，如图 3-9 所示。

怎么通过短视频赚钱，短视频如何变现最快?

原创 2022-01-24 17:41 ·

最近这几年，短视频行业发展得越来越迅速，可以说是现下最流行的一种形式。短视频不仅占用了用户大量的碎片时间，而且短视频的时间黏性更强、用户群体更广、变现方式越来越多，所以越来越多的人都想参与到短视频的拍摄当中来，也想在短视频领域分到一杯羹。

那么该如何制作短视频？怎样通过短视频来赚钱呢？你需要知道以下7点。

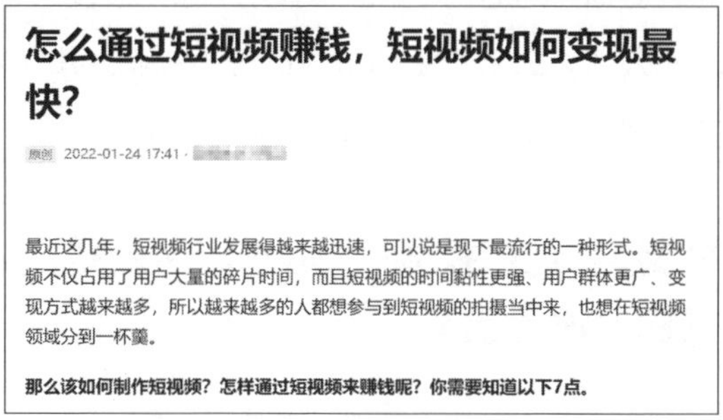

图3-9　制造悬念的新媒体文案标题

4. 警示告诫，唤起受众的关注

警示告诫类文案标题，属于从受众角度出发的服务类标题。例如，某新媒体文案的标题《运动后别做这 5 件事，不然你可能会越运动越胖》，就是一个警示告诫类标题：警示用户如果运动后做了正文中的 5 件事，就可能会造成越运动越胖的不良后果，如图 3-10 所示。

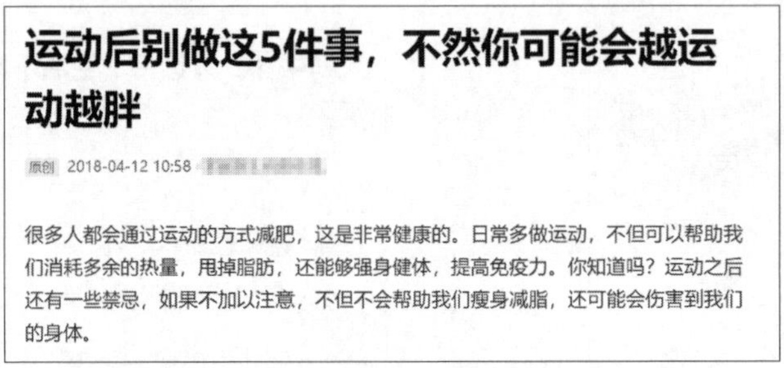

> **运动后别做这5件事，不然你可能会越运动越胖**
>
> 原创 2018-04-12 10:58 ████████
>
> 很多人都会通过运动的方式减肥，这是非常健康的。日常多做运动，不但可以帮助我们消耗多余的热量，甩掉脂肪，还能够强身健体，提高免疫力。你知道吗？运动之后还有一些禁忌，如果不加以注意，不但不会帮助我们瘦身减脂，还可能会伤害到我们的身体。

图3-10　警示告诫类新媒体文案标题

创作警示告诫类文案标题时需要注意以下 3 点。

- 在标题中直接传递警示告诫信息，将重要信息或者会产生的严重后果告知受众，以示警戒。
- 给出明确的要求或者建议，告诉受众应该怎样做。
- 警示告诫类标题使用祈使句式，表达上比陈述句的语气要重一些，提醒受众要做什么或者不要做什么。

5. 巧用数据，增强标题说服力

在标题中体现文案中的关键数据，能够引起用户的注意，帮助用户把握文章的重点，同时也能增强标题的说服力。例如，某新媒体文案的标题《仅需 3 步，让你搞懂同事的 Excel 公式，成功把它们占为己有》，就使用了数据来告诉用户，仅需 3 步就可以掌握常用的 Excel 技能，如图 3-11 所示。

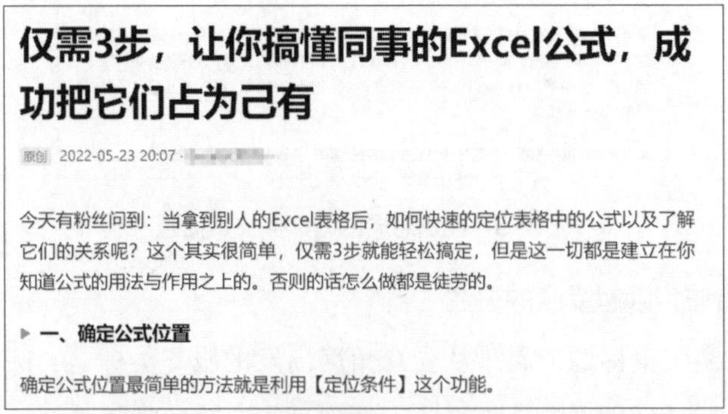

> **仅需3步，让你搞懂同事的Excel公式，成功把它们占为己有**
>
> 原创 2022-05-23 20:07 ████████
>
> 今天有粉丝问到：当拿到别人的Excel表格后，如何快速的定位表格中的公式以及了解它们的关系呢？这个其实很简单，仅需3步就能轻松搞定，但是这一切都是建立在你知道公式的用法与作用之上的。否则的话怎么做都是徒劳的。
>
> ▶ 一、确定公式位置
>
> 确定公式位置最简单的方法就是利用【定位条件】这个功能。

图3-11　运用数据创作的新媒体文案标题

将数据写入文案标题中有以下 3 种情况。

（1）数据是文案中的要点数量，明确告知用户能得到多少收益，如《× 种学习技巧》，或者暗示用户可花费最少的精力得到最大的收获，如《只需 × 个步骤，就能解决 ×× 问题》。

（2）数据要有一定的冲击力和感染力，能使用户产生极大的震撼，如《自然灾害造成的巨大经济损失达 ×× 元》等。

（3）数据用绝对总数表示，能够引发用户的从众行为，如《全世界已经有 ×× 人使用 ××》等。

6. 善用问号，解答困惑 / 引起思考

人的一生，不管是在生活中还是工作中，总会遇到许多困惑。大家都希望碰到问题时能迅速找到行之有效的解决方法，因此，解答困惑类文章往往深得人心，因为这些文章为我们的生活、工作提供了方法。

这种文章可以结合特定的知识，以疑问句的形式进行标题创作，透过标题直观地告知用户文章要解决的问题是什么，如“为什么……”“如何……”“……有哪些小窍门”“什么是……”等形式。

例如，某新媒体文案的标题《如何保持好的心态避免心理疾病？》，就通过疑问句的形式告诉用户正文中将为大家介绍如何保持好的心态，以避免心理疾病等问题的出现，如图 3-12 所示。当用户看到此标题时，不用急于阅读正文，可以先自己思考一下如何保持好的心态，然后在正文中寻找答案。

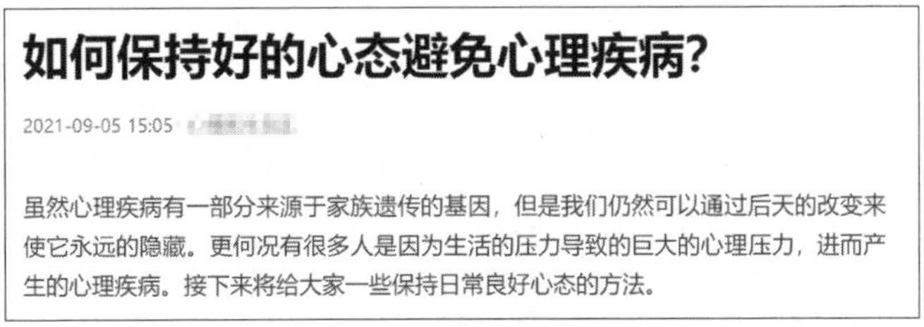

如何保持好的心态避免心理疾病?

2021-09-05 15:05

虽然心理疾病有一部分来源于家族遗传的基因，但是我们仍然可以通过后天的改变来使它永远的隐藏。更何况有很多人是因为生活的压力导致的巨大的心理压力，进而产生的心理疾病。接下来将给大家一些保持日常良好心态的方法。

图3-12　解答困惑的新媒体文案标题

7. 简短故事，直击主题，引人入胜

故事型新媒体文案标题就像是在讲故事一样，直击主题，引人入胜，很有吸引力。例如，某新媒体文案的标题《出身湖南山村，我用 10 年，从深圳流水线走

到纽约谷歌办公室》虽然很长，但是很吸引人，因为该文案的作者在标题中罗列了几个具有戏剧性的要点，使标题看上去就像是一个带有传奇色彩的故事一样。同时，标题中的"10年""谷歌"等细节又为该故事增添了可信度，如图3-13所示。

图3-13　故事型新媒体文案标题

故事型新媒体文案标题主要被应用于人物型文案中，每一个标题都反映的是一个人物的故事，而这个人物的故事通常拥有极端艰难、戏剧化等标签。将这些标签罗列到标题中，再加入一些细节词，用户就可以通过标题快速判断正文大概是个怎样的故事了，进而就会对正文中的故事情节产生兴趣。

8. 应用名人效应，引领时尚新潮流

在标题中加入名人可以提升标题的热度，引发用户的喜爱和追捧，所以有很多新媒体写作人员借助名人效应来创作文案标题。如果选题刚好契合某个名人的某种特质，就可以在标题中体现出来，借用名人的名字、事迹或名言创作标题。例如，在很多读者心中，知名作家村上春树是一个很自律的人，在创作与"自律"话题相关的文案时，就可以引入村上春树那些关于"自律"的名言，如图3-14所示。

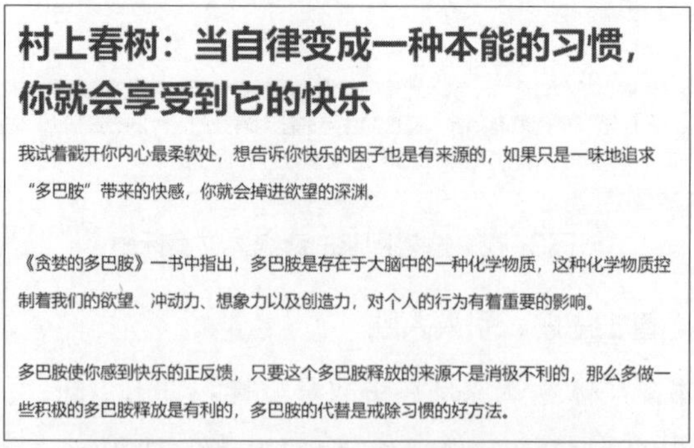

图3-14　应用名人效应的新媒体文案标题

课堂实训1——撰写电商产品宣传文案标题

电商产品文案一般出现在各种电商店铺的产品详情页中,其目的是帮助用户更好地了解产品,促进产品的销售。某电商平台的四件套产品文案如图3-15所示。

好的电商产品文案标题可以极大地提高产品的销售转化率。相信很多人有过这样的经历,一开始并没有明确的购买目标,但是在浏览电商平台上销售的产品时,突然被某个产品的文案所打动,从而产生了购买欲望,进而下单购买该产品,这就是电商产品文案的魅力。

撰写电商产品文案标题时需要注意以下4点。

(1)吸引用户眼球,引导用户看到更多信息。

(2)提高产品的可信度,取得用户信任。

(3)突出产品卖点,影响用户潜在决策。

(4)突出福利,刺激用户马上购买。

图3-15 某电商平台的四件套产品文案

课堂实训2——撰写短视频带货文案标题

短视频带货要想取得好的收益,就必须在文案上下功夫,争取在视频开头的前三秒就把用户牢牢吸引住,促使他们购买视频中的商品。抖音平台上的带货短视频作品如图3-16所示。

图3-16 抖音平台上的带货短视频作品

那么，短视频带货文案的标题怎么写呢？下面就为大家介绍 3 种常见的短视频带货文案标题的创作方法。

1. 布局悬念

布局悬念法主要适用于 Vlog 和个人分享形式的带货短视频标题的创作。例如，抖音平台上某短视频作品的标题为《一碗 300+ 的面到底贵在哪里？》，如图 3-17 所示。一看到该标题用户就有可能会对这碗 300 块钱的面和视频中提到的这家面馆产生强烈的好奇心，想看看这碗面到底贵在哪里，和十几块钱的面到底有什么区别。因此，用户就会在作者营造出的这种悬念下观看完整的视频，从而有助于提升视频的完播率，同时也成功地对该面馆进行宣传推广。

2. 聚焦目标受众

在撰写短视频带货文案标题时，如果能够精准聚焦目标受众，使目标受众更具体，往往更容易吸引目标受众购买短视频中介绍的产品。例如，抖音平台上某短视频作品的标题为《150—165cm 的女生，怎样变高挑？》，如图 3-18 所示。该标题将目标受众聚焦在"身高 150—165cm 的女生"上，目标受众非常具体，会让这部分目标受众产生极强的代入感，因此，这部分人通常会对视频内容及视频中提到的产品产生浓厚兴趣。如果将该短视频作品的标题改为《显高的穿衣效果》，就会因目标受众不够具体，而在无形中流失很多用户。

图3-17　充满悬念的短视频标题

图3-18　聚焦目标受众的短视频标题

3. 结果前置吸引

结果前置吸引是指在标题中直接把一个事情的结果说出来，然后吸引用户观看短视频。例如，抖音平台上某短视频作品的标题为《3年时间营业额从0做到30亿，××如何开创了东方美妆的时代？》，该标题就直接告诉了用户事情的结果是这个品牌的国货在3年时间里营业额从0做到了30亿，如图3-19所示。如果用户好奇这个品牌是如何崛起的，就会观看完整的短视频，了解该品牌的产品以及品牌故事，甚至购买该品牌的产品。

课堂实训3——撰写直播卖货文案标题

图3-19 结果前置吸引的短视频标题

现在直播带货可以说是火遍了大江南北，无论是线上电商企业还是线下传统企业，都纷纷开启了直播卖货模式。如今随着越来越多的人入局直播卖货，直播行业的竞争也越来越激烈。要想从万千直播间中获得用户的注意力，直播卖货文案的标题一定要有吸引力。那么，直播卖货文案怎么设计，才能成功吸引用户观看呢？

1. 突出产品价值

无论是什么样的产品，都有自己的卖点和亮点，在直播卖货文案标题中一定要突出产品的卖点和亮点。如果是食品类产品，那么它的卖点可能是独特的味道；如果是服饰类产品，那么它的卖点可能是面料舒服、修身、好看等。

2. 瞄准消费群体

观看直播带货的观众，有可能是通过直播预告了解直播信息的，也有可能是偶然间刷到直播间的。新媒体写作人员在撰写直播卖货文案标题时，为了最大限度地让用户了解直播间销售的产品，可以直接在标题中说明该场直播销售的产品适合哪些人，如女性专场、减脂专场、运动专场等。

3. 营造消费场景

直播卖货有别于其他卖货形式最重要的一点是，主播可以向用户描述商品具体的使用场景，让用户联想到将产品买回家后使用时的情景，让他们提前感受到商品的价值。

4. 强调商品优惠

很多人在直播间买东西，无非是看中了直播商品较大的优惠力度，为此，直播卖货文案的标题中一定要强调商品的优惠力度。图3-20所示的这两场鲜花直播的文案标题，都强调了在直播间购买商品有优惠。

图3-20　鲜花直播的文案标题

课堂小结

本章主要介绍了新媒体文案标题的作用、特征，以及新媒体文案标题创作的基本要点和技巧等。通过对本章的学习，大家可以对新媒体文案标题写作有一个较为深刻的认识，掌握新媒体文案标题写作的方法和技巧，为进一步学习新媒体文案写作奠定基础。

课后作业

1. 在微博、微信、今日头条、抖音等新媒体平台，寻找3个你较为喜欢的文案标题，然后分析它们吸引你的亮点。

2. 在淘宝平台选择一款爆款产品，分析其产品文案标题的亮点。

第4章
新媒体文案正文写作

从"写作"到"媒体写作",再到"新媒体写作",其中暗含的发展脉络是什么?"新媒体写作"与"写作""媒体写作"有哪些共性之处,又有哪些独特之处呢?本章将结合写作学、媒体写作的相关理论与方法,从"写作与文本"的角度出发,阐述新媒体文案正文写作的结构、技巧、基本原则和写作方法等。

本章学习要点

- 熟悉新媒体文案正文的结构
- 掌握新媒体文案正文写作的技巧与基本原则
- 掌握新媒体文案正文的写作方法

4.1 新媒体文案正文的结构

新媒体文案的正文是整个新媒体文案中最重要的部分之一，它既是对标题的拓展，也是对文案核心内容的详细阐述。用户通过正文内容可以了解资讯的全貌、作者的观点、产品的详细信息以及活动的具体情况等，从而产生相应的心理和行为反应。新媒体文案正文的结构包括开头、主体和结尾3个部分，如图4-1所示。

图4-1 新媒体文案正文的结构

1. 开头

新媒体文案正文的开头紧接标题，随后马上又会过渡到正文的主体部分，由此可见，正文的开头有着承上启下的作用。正文开头的设计必须十分巧妙，既要吸引用户、唤起用户的兴趣，又不能过于夸张，喧宾夺主。标题吸引用户进入正文后，正文开头要起到增强用户黏性、激发用户兴趣的作用。开头是否具有吸引力，决定了用户是否会继续往下阅读。如果正文开头能充分激发用户的阅读兴趣，那么该正文就成功了一半。

例如，图4-2所示的这篇名为《今天，我们一起追星》的新媒体文案，正文开头处不仅很好地为用户解释了标题中所说的"追星"追的是什么星，即为国家科技事业做出卓越贡献的功勋人物；又顺势引出了正文的主体内容：5月30日是全国科技工作者日。接着为读者一一介绍了这些为国家科技事业做出卓越贡献的功勋人物。

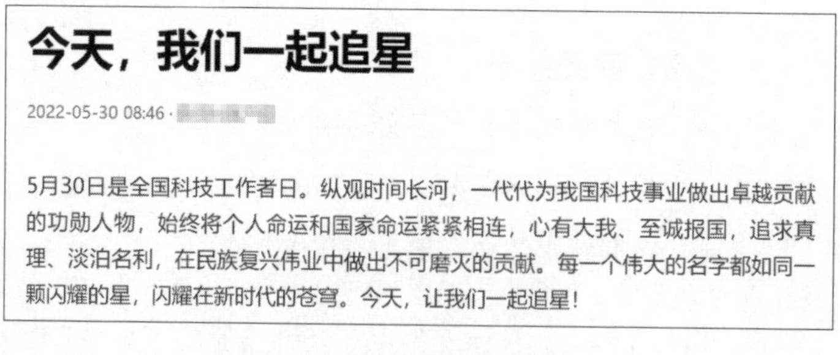

今天，我们一起追星

2022-05-30 08:46·

5月30日是全国科技工作者日。纵观时间长河，一代代为我国科技事业做出卓越贡献的功勋人物，始终将个人命运和国家命运紧紧相连，心有大我、至诚报国，追求真理、淡泊名利，在民族复兴伟业中做出不可磨灭的贡献。每一个伟大的名字都如同一颗闪耀的星，闪耀在新时代的苍穹。今天，让我们一起追星！

图4-2 某新媒体文案正文的开头

2. 主体

正文主体是新媒体文案的核心部分，包含文字、图片、视频、音频等多种内容形式。正文主体部分的信息量较大，一般包括详细的事实、充足的论据、产品的具体信息、完整的观点等，其主要作用是用信息支撑文案的核心内容。

例如，某美食类新媒体文案正文的主体部分为用户介绍了油泼辣子的制作步骤，如图 4–3 所示。通过阅读正文主体内容，用户可以很好地掌握油泼辣子的制作方法和技巧。

3. 结尾

新媒体文案正文的结尾部分，一般是对全文的概括，如对观点的总结、对事物的评价等。如果是营销文案，正文结尾处通常还会出现广告信息、行动号召、建议等内容，如给出商品的折扣信息、提供赠品、鼓动用户购买、将用户转化为消费者等。常见的营销文案正文的结尾句型如“限时折扣……”“前 50 名购买者享半价优惠……”等，新媒体写作人员可以通过这种营销句式牢牢抓住用户的心理，从而实现商业目的。

例如，某新媒体营销文案推出了一个免费领粽子的活动，作者在正文结尾部分通过“数量有限，领完为止”提示用户积极参与活动，如图 4–4 所示。

超市卖的油泼辣子太贵了，一小瓶十多元，还是自己在家里做吧，十多块钱的成本能做一盆，够吃一两个月。教大家一个做油泼辣子的“四部曲”，跟着以前有个卖凉皮的堂哥学的。

1. 油泼辣子用的油是菜籽油，其他油味道不行。
2. 辣椒用粗、细两种辣椒面，各100克，一种出色，一种出香。若是想更正宗一些，买一些陕西的秦椒自己砸辣椒面。
3. 洋葱、大蒜、姜、芹菜、小葱、桂皮、香叶、八角、黄栀子（提亮金黄），冷锅冷油放里面慢慢熬香炸到焦黄出料油。
4. 辣椒面里混合白芝麻、一勺五香粉、适量的盐，将热的料油分2次浇入，第一次少一些，浇入后拌匀，看不到干辣椒的程度，激发出辣味，浇入10克左右的醋，第二次将剩余的油都倒入，混合均匀盖上盖子焖10分钟，让香味融合即可。

很好吃的油泼辣子，可以在家试试。
#家庭美食大赏##为健康加分，为新青年加油#

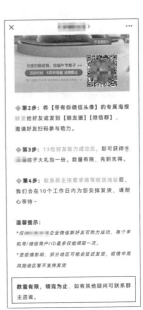

图4–3　某新媒体文案正文的主体内容

图4–4　某新媒体营销文案正文的结尾部分

4.2 新媒体文案正文写作的技巧与基本原则

新媒体文案的正文不仅要完整地呈现文案的核心内容，详细阐述文案观点，根据主题营造氛围感，还要引导用户采取相应行动。要想创作出一篇优秀的新媒体文案，新媒体写作人员就必须掌握一些新媒体文案正文写作的技巧与基本原则。

4.2.1 新媒体文案正文写作的技巧

针对不同的新媒体文案类型，在进行正文写作时，侧重点也有可能不同。不过写作的技巧是相通的，新媒体写作人员运用这些技巧，便可以创作出具有吸引力和商业价值的新媒体文案。新媒体文案正文写作的技巧主要有5点，如图4-5所示。

图4-5　新媒体文案正文写作的技巧

1. 挖掘新意，吸引眼球

在这个信息过剩的时代，人们的日常生活中每天都充斥着各种各样的信息，但很少有人会浏览每一条信息，用户通常会选择对自己最有价值的信息进行浏览和阅读。在这种环境下，新媒体写作人员要想创作出吸引用户的文案，就需要找到自己的文案和同类型文案的不同点，创作独具新意的正文内容，使用户形成独特的印象。要挖掘独具新意的正文内容，新媒体写作人员应养成多角度、多维度思考的习惯，及时记录下脑海中闪过的所有创意。同时，新媒体写作人员还要学会反向看待问题，从事物的背后寻找亮点，将那些本不相关的事物进行创意融合，从而获取一个好的文案创意。

如图4-6所示的甲壳虫汽车的新媒体文案《新甲壳虫，过目难忘》的正文内容，视角新颖，侧重表现了车身弧线和受众的内心感受，以此作为产品宣传和推广的核心点。

2. 幽默独特，过目不忘

用户是否会选择深入阅读正文，除了判断内容是否与自己有关之外，还会判断正文是否有趣味性。体现正文趣味性最好的方法就是在正文中添加幽默元素。

例如，某款音乐手机的产品文案正文内容（见图4-7）不仅幽默、有趣，更重要的是该文案将个性化的内容与产品功能相结合，消费者能够从中感受到这部手机的非凡体验感，从而容易产生购买产品的冲动。

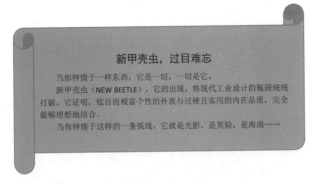

图4-6 甲壳虫汽车的新媒体文案

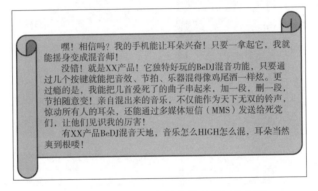

图4-7 某款音乐手机的产品文案正文内容

在新媒体文案正文中添加幽默元素，提升正文的趣味性，有4种常用的手法。

· 曲解原义法：对经典文章和词句做出歪曲的、荒谬的解释。

· 制造反差法：故意营造一种让人"误解"的语境，制造反差。

· 歪理错位法：使用一些有悖于常规思维的奇妙逻辑。

· 自嘲法：违反常理，揭自己的短，以博用户一笑。

其实，在正文中营造幽默氛围的方法还有很多，但需要注意的是，在添加幽默元素时要尽可能做到自然。一定要把握好尺度，切不可将各类低俗的信息当作幽默元素添加到正文中。

3. 结构得当，语言得体

文案写作人员在进行文案创作时，要根据写作的中心及用户的特点，选用适当的结构来进行写作。如果文案的结构不当，则有可能会导致文案丧失吸引力。在写作文案正文内容时，语言一定要得体，既要做到通俗易懂，还要注意语气、语调、语态及语言风格等。

例如，某微信公众号上发布了一篇名为《好的婚姻，都需要江湖义气》的新媒体文章，如图4-8所示。该文章正文的开头首先通过热点事件引入了婚姻的话题；接着用三个故事来论述观点；最后总结观点，升华文章。这样的结构往往更容易体现故事主题，吸引用户阅读，引发用户评论和转发。

图4-8 新媒体文章《好的婚姻，都需要江湖义气》的部分内容

4. 坦诚对人，尊重用户

新媒体写作人员在进行文案正文写作时，要将用户视为亲切交谈的朋友，关注用户的需求，在字里行间体现出对用户的尊重，实实在在地将真实信息传递给用户。正文内容可以通过不同的方式来表达，但是不能过度夸张乃至出现虚假信息，以免误导用户。另外，高高在上，表现出强烈的优越感，指责和讽刺用户，自说自话等都是不可取的行为，否则只会令用户产生反感，甚至是抵触心理。

5. 情感联结，建立信任

新媒体写作人员在进行文案正文写作时，还要善于与用户建立情感上的联结，使用户产生信任感，从而认可文案的内容。对于带商业目的的新媒体文案，培养用户的信任感非常重要，它是文案变现的重要"抓手"。信任感需要通过情感或理智的引导逐步培养，所以，新媒体写作人员一定要让自己的情绪与用户的情绪产生共鸣，从而使用户对作者或文案产生信任感。

例如，某短视频文案中针对"老粉"开展了福利活动，其目的在于与老用户建立更加紧密的情感联结和信任，如图4-9所示。

4.2.2 新媒体文案正文写作的基本原则

新媒体文案正文写作，只要围绕文案的核心内容和重点诉求呈现完整的信息即可，如果能形成话题效应，并促使用户产生相应的行动，就最好了。新媒体写作人员可根据实际需求灵活安排正文内容、结构、叙述方式等，但在写作过程中应遵循新媒体文案正文写作的3项基本原则。

图4-9 短视频文案

1. 突出主题

文案写作人员进行新媒体文案创作时，可能有许多观点要呈现，有许多话要说，但是正文往往很难涵盖所有内容，很难做到面面俱到。而且如果文案的内容过于冗长，也会给用户带来不好的阅读体验，使用户在阅读的过程中感到疲劳。正文的创作一定要从用户的角度出发，避免对用户造成信息压迫和单向的信息灌输。要想使正文内容主题突出、信息明确，方法很简单，就是确定正文要表达的核心诉求点或利益点，然后使用较少的信息将这些核心内容表现出来。

例如，标题为《熬夜之后去健身，可能得不偿失》的新媒体文章，主题非常明确，就是告诉用户熬夜之后再去健身会对身体造成伤害，如图4-10所示。在该文章的核心部分，作者言简意赅地为用户讲述了，为什么熬夜之后去健身不仅对身体没有好处，还会对身体造成一定的伤害，从而强化了该文章的主题以及核心观点。

2. 信息完整

新媒体文案的正文内容虽然要精简，但所呈现出来的信息必须完整。例如，一款耳机产品的文案，除了通过图文形式展示了产品的卖点、外观、功能以及价格等信息，还为用户详细展示了产品的参数信息，如图4-11所示。

> **熬夜之后去健身，可能得不偿失**
>
> 健身健身，无非是为了健康的身体。
>
> 但如果拖着疲惫的身体去健身，那可能……只能背离你的初衷了。
>
> 前面讲过，健身过后的恢复阶段，肌肉力量会受到影响，**除此之外，你的免疫系统可能会进入「开窗期」。**
>
> 早在 2006 年，一项发表在 Journal of Sports Sciences 上的研究就发现：
>
> - 适度运动（实线）30～45 分钟，免疫反应持续增强，不过，运动的 2 小时后，这种效果就逐渐消失，恢复到原有水平；
> - 高强度运动（虚线）3 小时以上，免疫反应在短暂增强后，会迅速跌入免疫抑制，也就是所谓的「开窗期」，而且开窗期可以长达 6 小时。

图4-10 《熬夜之后去健身，可能得不偿失》的正文部分

品牌名称：		
产品参数：		
产品名称：2020年新款ai...	品牌：	型号：2020年新款蓝牙耳机耳塞式
功能：支持音乐	耳机材质：塑料	产地：中国大陆
省份：广东省	地市：深圳市	声道：2.0
蓝牙版本：5.0	颜色分类：收藏加购★尊享发货	套餐类型：官方标配
生产企业：深圳市科技有限公司	耳机类别：主动降噪耳机	防水性能：IPX6
使用方式：入耳式	传输半径：10m	是否单双耳：双边立体声
智能类型：其他智能	上市时间：2021-01-20	待机时间：22天
传输半径：10m	保修期：12个月	耳机左右腔体间连接方式：无线连接
防尘性能：IP6X	耳机与播放设备连接方式：蓝牙连接	

图4-11 某款耳机产品文案中的参数信息

又如，某文案的正文要阐述一个社会问题，除了重点讲述这个问题当前的表现和影响以外，新媒体写作人员还可以将这个问题的来龙去脉梳理出来，这样才便于用户更好地了解作者的观点。

要想保证正文信息的完整性，新媒体写作人员需要不断提升以下 4 种能力。

- 认知能力：新媒体写作人员要对事物和用户的需求有十分清晰的认识。
- 信息收集能力：新媒体写作人员要善于从纵向收集信息，包括过去、当前和未来的信息；还要善于从横向收集信息，如他人的观点、竞争对手的发

展水平和技术优势等。另外，文案写作者要善于借助多渠道获取信息，包括互联网、图书馆等渠道。

- 信息整理能力：新媒体写作人员需要在认知基础上对收集的信息进行系统的整理，将杂乱的信息分门别类地整理好，将无用的信息过滤掉。
- 信息使用能力：新媒体写作人员要将有用信息与文案有机地结合，使文案表述自然、观点清晰。

3. 条理清晰

新媒体文案的正文要做到层次分明、条理清晰，新媒体写作人员需要将收集的信息按照一定的逻辑进行整理，尽可能地将复杂的信息变得简单易懂。尤其是论证性的文章，对于使用的理论或者事实依据要合理安排，并进行严密论证，确保正文的逻辑清晰。

例如，某新媒体文章采用了典型的"总分总"结构进行撰写，整篇文章看上去条理清晰，中间三个段落各有一个小标题，从3个方面讲述了某知名美食博主的逆袭故事，告诉用户正是特殊的人生经历让她如此优秀。最后一个段落，用短小精悍的几句话总结全文，点明了文章主旨，如图4-12所示。

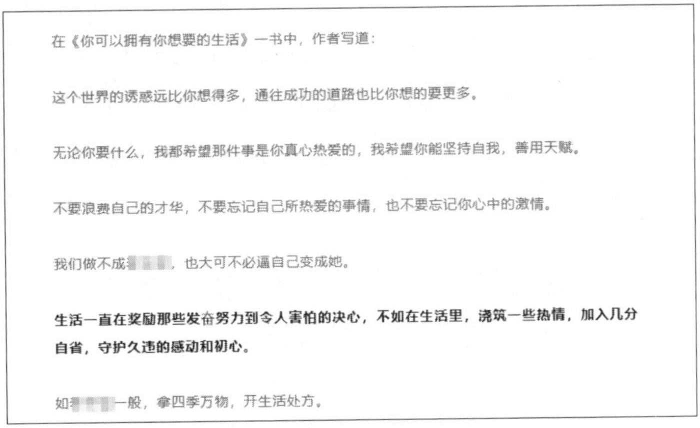

图4-12 某新媒体文章的正文结尾部分

4.3 新媒体文案正文的写作方法

新媒体文案正文的主要作用是吸引用户阅读全文，并采取相应的行动。在写作新媒体文案正文的过程中，通常是利用正文的开头来激发用户的阅读兴趣；通过正文的主体来提高用户的阅读体验；最后在正文结尾部分促成用户的成交或分享。下面就为大家分别讲解正文开头、主体和结尾 3 个部分的写作方法。

4.3.1 如何写开头，让人想要继续阅读

新媒体文案正文的开头部分有着承上启下的作用，是标题过渡到正文主体的重要连接。正文开头可以通过直接呈现、制造悬念、提出问题、营造氛围 4 种方法来承接标题，引出正文主体内容，如图 4–13 所示。

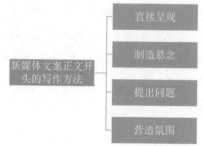

图4–13 正文开头的写作方法

1. 直接呈现

直接呈现就是开门见山地将正文所要阐述的核心内容直接呈现出来，使用户阅读完开头就能知道接下来的主体部分讲述的是什么内容，用户能够在第一时间了解文案的核心内容。

例如，某篇名为《女孩独自在深圳实习被外卖分量感动留长文，老板：想给她一份鼓励》的新媒体文章，讲述了一个非常温暖的故事：一个女孩独自在深圳实习，在深圳的最后一天，她点了一份外卖，结果被老板实在的菜量所打动，于是她在外卖平台上为该店铺写了一条评论，老板在看到这条评论后，也用心回复，安慰并鼓励了女孩。正文开头直接开门见山地讲述了女孩点外卖被老板实在的菜量所打动这一事件，文章开头讲述了事情内容以后，后文就能很自然地引出女孩为这家店铺写评论、老板暖心回复评论等后续事件，如图 4–14 所示。

女孩独自在深圳实习被外卖分量感动留长文，老板：想给她一份鼓励

原创 2022-08-08 19:24 ·

近日，广东深圳，一家名为“家味猪脚饭”的外卖商家因一条顾客评论引发关注。这位顾客是一名女孩，独自在深圳实习，“受了很多委屈”，在家人的劝说下决定回家。女孩说，在深圳的最后一天，随缘看到了这家店，本以为会和以前一样又贵又少，但却意外被老板实在的菜量所打动，“这种感觉太久违了”，这让她感到安慰。

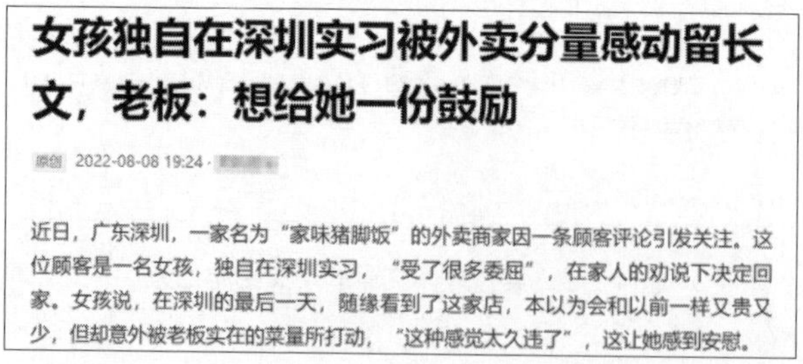

图4–14 以“直接呈现”的方式开头的新媒体文案示例

2. 制造悬念

制造悬念就是在正文开头营造一个谜团，利用标题制造悬念时通常只是抛出

一个问题，而用正文开头制造悬念的手段则更为多样。通常的写法是先简单介绍一下事物，随后抛出与事物有关的还未澄清或还未公开的问题，引发用户的好奇心。

例如，某视频文案介绍了菠菜的药用价值。在文案正文开头处，作者先告诉大家菠菜是老百姓日常餐桌上最常见的蔬菜之一，并告诉大家看似普通的菠菜，其实有着很高的药用价值，为用户留下一个大大的疑问，从而引发了用户继续观看视频以了解菠菜药用价值的好奇心，如图4-15所示。

图4-15　通过制造悬念的方法创作正文开头

3. 提出问题

以提出问题的方式作为文案正文的开头，可以激发用户的好奇心，与用户进行互动，从而迅速拉近作者和用户之间的距离。提出问题的这种写作方式可以激发用户的求知欲，并刺激用户为了满足自己的求知欲而行动起来。在正文开头进行提问还能够帮助用户迅速将注意力集中到后面的正文主体上。

正文开头一般是针对核心问题和用户较为关心的问题进行提问。比如，询问用户是否知道某款产品为何与众不同；或者询问用户一个社会问题的症结在哪里；也可以询问用户是否知道如何达到一个特定的目标。

例如，名为《凌晨三点的陌生人：谢谢你，骗了我》的新媒体文章，开头首先提出了一个问题："你多久没跟陌生人说话了？"如图4-16所示。这种经典提问句式，是互动式文案的常用句式，能够快速引起用户的注意，让他们思考接下来文章要说什么。文章一旦让用户产生了思考，那么作者的目的就达到了，该文章也就成功完成了热启动。

```
01
"你多久没跟陌生人说话了？"

去年夏天，Tina从地铁站出来，赶上下雨。

她正在思索是去附近买把伞，还是打车，就走过来一个大叔："小姑娘，你去哪啊，有伞吗？"

她以为大叔来借伞，警惕地往旁边靠了靠，冷冷地说："坐公交，没伞。"

谁知大叔笑着说："我有伞，那我送你去站台。"

她看着大叔温柔的样子，那瞬间，羞愧难当。
```

图4-16　通过提出问题的方法创作正文开头

4. 营造氛围

氛围对吸引用户、留住用户非常重要。在正文的开头通过短短几句话营造出一种正文需要的氛围，能够有效地将用户代入某种情景中，令用户想象和感受相应的情绪，从而紧紧地抓住用户的心，帮助用户产生沉浸式的体验。

开头营造氛围要求新媒体写作人员具有较强的文字功底，能够通过短短几句话勾勒出立体的、形象的、生动的画面。例如，新媒体时评文章《中国发展的速度与温度》，开篇就为用户描绘了一幅中国铁路的生动图景，短短几句话就将用户代入特定情景中。"4万公里""81对""1200万人次"等数据着重突出了中国发展的速度与温度，也更能激发用户的阅读兴趣，如图4-17所示。

```
高速铁路网不断延伸，运营里程向着4万公里迈进，复兴号奔驰在祖国广袤的大地上；81对公益性"慢火车"多年不调价，经停一个个小站，每年运送沿线群众1200万人次。疾驰如风的动车组与慢悠悠的绿皮车，对照鲜明、耐人寻味，勾勒出一幅中国铁路的生动图景。

老乡口中的"小慢慢"，平均时速一般不足40公里，终年无休、票价低廉，承载着许多人的生计与梦想。不只是"慢火车"，从深山中新建普遍服务通信基站，到确保小品种药稳定生产供应；从推进移动互联网应用适老化改造，到完善困境儿童保障制度……近年来，围绕为民服务，我国在多领域推出满足特殊群体需求的公共服务项目。一项项务实举措，有针对性地破解民生难题，扎扎实实地增强了老百姓的获得感、幸福感、安全感。这生动说明，新时代中国不仅注重发展的速度，更始终追求发展的温度。

发展的温度，饱含着"不让一个人掉队"的情怀。抗击新冠肺炎疫情，我们坚持人民至上、生命至上，全力以赴救治患者，不遗漏一个感染者，不放弃一个病患者；打赢脱贫攻坚战，我们强化精准施策，做到"一个都不能少"；决胜全面建成小康社会，我们不落下任何地方，也不让任何人掉队。着力保障和改善民生、增进人民福祉，坚持走共同富裕道路，充分体现了中国特色社会主义制度的显著优势。
```

图4-17　《中国发展的速度与温度》的正文开头部分

4.3.2 如何写主体，大大提高阅读体验

正文主体呈现的是新媒体文案的核心内容，新媒体写作人员一般会通过正文主体来揭示文案的主要内容、主要观点以及文案的写作目的等。在进行正文主体写作时，应注意图4-18所示的3点。

图4-18　新媒体文案正文主体的写作要点

（1）信息的充足性。正文主体作为文案的核心部分，要将所有该呈现的信息全部呈现出来，为标题和开头提供内容支持，不要让标题和开头沦为空谈。

（2）内容的逻辑性。由于正文主体所呈现的信息量较大，因此更应该注意内容的逻辑性。在写作时要遵循文案写作的规律和用户的阅读习惯，做到层次分明、条理清晰。

（3）内容的适量性。在写作过程中并不是所有的信息都要呈现出来，新媒体写作人员要根据实际需要灵活地进行取舍，把握好文案的长度。若文案过长，则可能会使用户感到疲劳；若文案过短，则无法很好地表达内容。

4.3.3 如何写结尾，让人更愿意主动分享

一篇文案到底好不好，关键在于它能不能获得较高的转化率和传播率。通常新媒体写作人员会利用文案结尾部分来促进用户进行转化和分享。我们平时看文章时，会看到很多结尾方式，常用的文案结尾方式有以下3种。

1. "总结＋金句"

比较常见的新媒体文案结尾模式就是在文末归纳总结文章的重点，一般在正文中会集中阐述3~4个子观点或子话题，结尾部分就需要对这些观点和话题进行总结。如果能适当加入一两句金句，就能起到升华主旨、画龙点睛的作用。

"总结＋金句"式结尾特别适合方法技巧类新媒体文案。例如，新媒体文章《和1万人尬聊后，我总结了这11条聊天技巧》中列举了11种聊天技巧并配上了相应案例，结尾部分通过"如果说聊天有道和术，那么，最重要的是聊天之道，而不是聊天之术。""会聊天，是表达友善。会聊天，是放下自己，是关注别人。会聊天，不是只会说话，而是懂得对方。"等金句升华和总结了全文，给用户留下了深刻印象，如图4-19所示。

> 如果说聊天有道和术，那么，最重要的是聊天之道，而不是聊天之术。
> 我们是抱着什么心态去聊天的，比我们怎么聊天更重要。
> 会聊天，是表达友善。
> 会聊天，是放下自己，是关注别人。
> 会聊天，不是只会说话，而是懂得对方。
> 知乎网友██████就说，人际关系良好的第一点，是真诚地对他人产生兴趣。
> 把聊天当成一次美好的互动，跟一个人聊天，就能发现一个不一样的灵魂，一个全新的世界。
> 我们就不再是一次尬聊，而是一次发现。
> 这就是聊天的最高境界。

图4-19 "总结+金句"式结尾示例

2. 抛出问题，引发思考

很多时候，"抛出问题"的这种写作方式能有效增加作者与用户之间的互动，在新媒体文案的结尾处加上一句引人深思的提问，会使整个文案增色不少。例如，新媒体文章《用毅力和恒心托举梦想》，作者在结尾处抛出一连串的问题，让用户思考如何帮助、支持那些身残志坚的人，从而激励更多的人努力生活、乐观向上，如图4-20所示。

> 崇尚身残志坚的励志故事，并不是为了单纯的感动。于普通人，这当然是一种触动、一种激励，正如网友所言："还有什么不努力的理由？"对于故事的主人公们，不能止于舆论的好奇、短暂的关注。张家城的篮球梦想值得尊重，同时，从长远来看，单手打球如何支撑起未来的人生？彭超的求学生涯让人敬佩，未来完成学业的他又该作何打算？张顺东、李国秀夫妻俩的小康之路走得不容易，后头更好的日子要从哪里着手？感动之余，感慨之外，给予他们最现实最及时的支持，发现并关怀那些还没有被聚光灯照到的角落，才是励志故事最合理的展开、最圆满的结局。
>
> 无论如何，让生活充满温度、未来充满广度，也让每个人有所领悟、有所感触，才能让他们继续乘风飞翔，激励更多人振翅高飞。

图4-20 "抛出问题，引发思考"式结尾示例

3. 呼应开头，强调主旨

首尾呼应的写作方式相信大家并不陌生，在文章结尾处呼应开头部分的内容，往往能很好地突出文章的主旨，为用户留下深刻印象。例如，《人民日报》一篇标题为《荆楚大地涌春潮》的新闻特稿，采用的就是首尾呼应的方式进行写作的，如图4-21所示。文章开头处作者从湖北位于长江中游这一地理上最鲜明的特点入笔；在文章结尾处又回到长江结笔，突出了荆楚大地近年来的发展与变化。

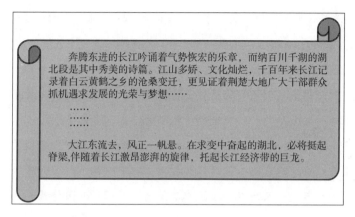

图4-21 "呼应开头，强调主旨"式结尾示例

课堂实训——案例分析：《人民日报》文章《阅读的陪伴最温情》

新媒体文案的正文分为开头、主体和结尾3个部分，下面我们就以《人民日报》发布的标题为《阅读的陪伴最温情》的新媒体文章为例，为大家全面分析新媒体文案正文的写作技巧和方法。

阅读的陪伴最温情

爱上阅读，各有各的因由，各有各的精彩。阅读是以认知的力量去探测世界的广袤，借伟岸的灵魂来陪伴心灵的成长。阅读之于个人，如漫漫人生里的灯盏，照亮奋斗之路；阅读之于社会，如历史进程中的星光，辉映壮美的文明之虹。

先哲有言："人有知学，则有力矣。"阅读是秉心之烛火，去探访古今智者仁人的精神空间。依靠阅读，我们可以收获超出自身阅历的风景，领略更辽阔、更深邃的精神世界。可以说，人类的思想足迹有多远，阅读的空间就有多广；人类的精神维度有多丰富，阅读的世界就有多瑰丽。有书做伴，生命便不会失色暗淡；有书壮怀，灵魂便不会孤寂渺小。每个人的精神成长，人类文明的发展进步，仿佛一场登山，需要阅读这根登山杖的助力。阅读，塑造了我们更加高远的人生境界，也构筑起一个社会更加绚烂的精神胜景。

腹有诗书气自华，一个人的气质里藏着读过的书、走过的路。阅读是看不见的精神修炼，是为人生绘就底色的事业。阅读往圣哲思，心灵深处不觉增添了参悟世界的思想之力；阅读唐诗宋词，胸中悄然生发俯仰天地的文化豪情；阅读红色经典，感悟革命先辈的家国情怀，心中自然涌起蹈厉抗争的斗争气概和为国为民的奋斗热情。各类经典著作浓缩了历史的精华、文明的智慧，每读一次都会有新的收获。阅读的回馈是丰厚的，含英咀华不仅口齿生香，思想和心志也会充满澎湃能量。

阅读是有情怀的文化体验，是有温度的精神旅行。无论世事怎么变化、人生如何起伏，阅读都是我们最好的陪伴。窗前灯下，一段段暖心的故事，湿润了多少儿童的双眸；大山深处，一册册趣味无限的绘本，带给多少学子以情感和美感的启迪；晚高峰的地铁里，手机中的网络文学，治愈了多少上班族的疲乏困倦；医院的病榻前，一卷卷直击心灵的人文经典，让多少病患舒展开紧锁的眉头。世间万物往往纷纭不定，人生在世难免起起落落，而阅读的陪伴最恒久也最温情。人们总能在阅读中得到慰藉和滋养，收获内心的充实和温暖。

李大钊提出过这样一个生动形象的比喻：“知识是引导人生到光明与真实境界的灯烛。”书是沟通古今的纽带、交流文明的津梁。古今多少梦想与奇迹、伟业与壮举、荣耀与辉煌，都成为了历史、写进了书册，成为点亮心中梦想的星星之火，化作驱散严寒的浩荡长风，激发从逆境中奋进的精神动能。思接千载、情通古今，经典以其通达启迪了我们的思想，以其至善滋养了我们的心境，以其壮丽充盈了我们的精神，以其厚重丰富了我们的灵魂。阅读经典，赋予我们更加豁达睿智、自信从容的奋斗姿态，为我们注入更加笃定刚毅、雄浑强健的前行之力。

阅读是历史的回望、心灵的净化，也是梦想的启示、希望的播撒；是思想的觉醒、精神的刷新，更是文明的接力、文脉的传承。因为阅读，我们不断成为更好的自己，也因为阅读，人类不断创造更美的世界。

文章开头部分的表述充满诗意，运用比喻句强调了阅读的重要作用。文章正文的主体部分引用名言，运用排比，深化了作者想阐述的主题：“一个人的气质里藏着读过的书、走过的路。”通过现实性分析，向读者传递了阅读经典在当下对人们的现实意义是什么。文章结尾继续使用修辞、排比等句式以及首尾呼应的写作方法来总结全文、深化主题。

课堂小结

本章主要介绍了新媒体文案正文写作的相关知识，包括新媒体文案正文的结构，以及新媒体文案正文写作的技巧、基本原则和写作方法。通过对本章的学习，大家可以加深对新媒体文案正文写作的理解，形成自己独特的写作思路，在实践中灵活运用新媒体文案正文写作的技巧和写作方法，创作出具有良好传播效果的文案。

课后作业

1. 请简述新媒体文案正文包括哪几部分。
2. 请简述新媒体文案正文的创作有哪些原则。
3. 使用正文创作技巧撰写一篇新媒体文案，分析你使用了哪些写作技巧和方法，并分别起到了哪些效果。

第 5 章 新媒体新闻写作

在新媒体环境下,数字技术的发展给新闻事业带来了前所未有的变革,新闻传播的媒介从传统的纸媒(报刊)和电子媒体(广播、电视),走向了以手机为主的移动互联网络。新媒体作为一种新兴的传播媒介,为新闻写作提供了一个更为广阔的创作空间。

本章学习要点

- 了解新媒体新闻的概念
- 熟悉新媒体新闻的特征
- 掌握新媒体新闻的写作要点

5.1 认识新媒体新闻

新媒体时代，信息的传播呈现出交互性与即时性的特点，海量的信息内容可以在全球范围内共享，加之服务的个性化与社群化，以及表达方式的多元化与超文本链接等，在一定程度上打破了传统的信息传播格局。在这样的大环境下，新闻的传播技术、传播载体，以及用户的阅读习惯也都发生了巨大的改变，越来越多的元素融入了新闻创作和传播的过程中。

5.1.1 什么是新媒体新闻？

新媒体的兴起，打破了以大众传媒为主流的新闻传播体系，颠覆了以专业传播者为中心的新闻传播模式，手机和网络成为人们日常生活的重要组成部分，每个人都可能成为信息的发布者和见证者。新媒体新闻就是在数字技术的支撑下，以新兴移动互联网络为载体，记录与传播信息的一种文体。

常见的新媒体新闻平台有今日头条、腾讯新闻、搜狐新闻、新浪新闻、凤凰新闻等，以及新华社、央视网等新闻客户端。今日头条平台上发布的新闻资讯如图 5-1 所示。

图 5-1 今日头条平台上发布的新闻资讯

新闻的概述

新闻既是传播信息的一种方式，也是记录社会、反映时代的一种文体。

新闻的概念通常有广义和狭义之分：广义的新闻是指对新近发生的事或者

早已发生近日却有全新发现的事进行及时报道和传播，包括消息、特写、速写、深度报道和新闻述评等；狭义的新闻则专指消息这种体裁，也就是以概括的叙述方式，通过简明扼要的文字，迅速、及时地报道国内外新近发生的有价值的事实。

新闻的基本特征包括真实性、新鲜性、时效性和公开性。新闻的六要素包括时间、地点、人物、事件的起因、经过和结果。很多学者将新闻的六要素总结为"5W1H"，即Who（什么人）、What（什么事）、When（什么时间）、Where（什么地点）、Why（发生了什么）、How（结果怎样）。新闻结构是指新闻作品谋篇布局的整体设计，一般包括标题、导语、主体、背景和结语5个部分。

5.1.2 新媒体新闻的特征

近年来以互联网技术为支撑的新媒体迅速扩张，逐渐取代了电视、报纸、杂志等传统新闻传播形态，成了当下新闻传播的主要载体。新媒体新闻既兼顾了传统新闻媒体的特征，又具有其独特性，具体特征如下。

1. 视觉性

在新媒体环境下，人们的阅读习惯发生了改变，碎片化的阅读方式让受众对新闻的表达有了更高的要求，视听结合的立体阅读体验成为吸引人们关注的重要因素。伴随着新媒体技术的发展，新闻在表达上不再局限于文字和图片结合的简单形式，而是在文字和图片的基础上融合了音频、视频、动画等多种形式。画面与色彩的结合让新闻的表现形式呈现出灵活多变且直观的特点，信息内容也更加具有表现力和吸引力，从而加深了受众对某一新闻事件的印象。

2. 形象性

从语言上来讲，新媒体新闻的语言表达更具形象性，写作语言呈现多元化、时尚化等特点。文字是构成新闻作品的基本单位，对于新闻内容的呈现有着举足轻重的作用。在新媒体新闻写作过程中，为了完善新闻内容的呈现方式，新媒体写作人员通常会吸纳社会生活中的流行语及热门的网络用语，从而可以生动形象地讲述新闻事件。

3. 互动性

在传统的新闻写作中，新闻从业者掌握着新闻话语的控制权，受众需要通过固定的栏目或者节目板块来获取自己想要了解的新闻信息，新闻写作主体与受众的地位并不平等。而在新媒体时代，新闻写作主体与受众之间的界限逐渐模糊，每个人都可以是信息的接收者，每个人也都可以是新闻的传播者，写作主体与受众之间建立了平等的关系，数字化的媒体平台也为写作主体与受众之间提供了很好的互动空间，大大提升了受众对新闻的参与价值，极大地影响着新闻的舆论走向。

例如，新华社在其官方微信公众号中发布了一条关于好人好事的新闻事件，引来众多用户留言，发布自己的观点，作者也会对部分用户的留言进行回复，如图5-2所示。

图5-2　微信公众号中发布的新闻的部分留言

4. 时效性

时效性是新闻最基本的特征，时效性对于新媒体新闻来说具有更加重要的意义。随着全球网络互联进程的持续推进，在技术层面，新闻的时效性得到了有力保障，新闻的发布与传播进入了"以秒计数"的时代。

随着媒介技术的发展，新媒体新闻的时效性日益突显，特别是在对一些重大突发事件的报道中，新媒体扮演着越来越重要的角色。例如，2022年6月1日17时00分四川雅安市芦山县发生了6.1级地震，震后第一时间某新闻媒体的微博官方账号就发布了关于此次地震的相关情况，如图5-3所示。

图5-3 某新闻媒体第一时间发布的地震相关情况

5. 动态性

在传统的新闻写作中，新闻从业者在发表一篇新闻作品之前，通常要进行细致的采访或者调研，在了解了新闻事件的大体面貌后再对其进行完整的叙述。受众可以在一篇新闻报道中知晓整个新闻事件的发展脉络。

而在新媒体时代，数字技术的发展极大地缩短了新闻的制作和传播周期，新闻的时效性让信息更新的频率大大加快，受众对新闻报道的时效性有了更迫切的需求。新闻创作者为了抢占发布新闻的先机，往往从新闻事件的初始阶段就会跟进报道。随着新闻事件的不断发展与对事件背后重要信息的不断挖掘，新闻的内容也会逐步更新，整个过程表现出动态发展的特征。

由于新闻写作的动态性特征，新闻事件的价值也随着新闻报道的更新而不断变化。当重要的信息后续被补充进来，或者事件走向发生反转时，都可能使新闻获得更高的关注度，新闻价值也随之得到提升。

5.2　新媒体新闻的写作要点与案例详解

新媒体新闻写作既要吸纳传统新闻写作的优势，又要顺应新媒体环境的变化特点，与时俱进。在新媒体新闻的写作过程中，新闻写作人员应遵循新媒体传播的规律，掌握新媒体新闻的撰写要领。同时，新闻写作人员还要打破新媒体新闻写作的一些误区，使新媒体新闻写作走上规范化的道路。

5.2.1　新媒体新闻的写作要点

要想创作出优秀的新媒体新闻稿，就需要掌握一定的新媒体新闻写作要领。下面将从标题、导语、主体等方面为大家讲解新媒体新闻的写作要点。

1. 标题：强化标题意识，吸引受众关注

标题就好比是新闻的“眼睛”，不仅能够在短时间内快速吸引受众的注意力，还可以对正文信息进行提示，以便受众从标题中获取信息。因此，标题的拟定对于新媒体新闻写作来说至关重要。下面就为大家介绍几种新媒体新闻标题的拟定方法。

（1）实题为主，直截了当。

传统媒体新闻的标题大多采用虚实结合的手法来拟定，如《扎堆晒太阳，成都东三环堵到晚上》。在这个新闻标题中，“扎堆晒太阳”是虚，“成都东三环堵到晚上”是实。但在信息碎片化的新媒体时代，大多数人想准确、快速地获取到自己想要的信息，没有过多的精力去猜测新闻标题的实际信息是什么，所以新媒体新闻的标题要以实题为主，直截了当地陈述新闻事实。如图 5-4 所示的这则新媒体新闻的标题《端午小长假车市复苏 新能源车企打响指标争夺战》，直接揭示了新闻事件的内容。

端午小长假车市复苏 新能源车企打响指标争夺战

随着北京疫情进入整体扫尾阶段，刚刚过去的端午小长假，北京新能源车市也悄然复苏，记者走访多家新能源品牌营销店了解到，通过线上线下预约看车的客人明显增多。特别是随着近期北京市配发7万新能源指标，也让各家车企展开了指标争夺战。

图5-4　以实题为主的新媒体新闻标题

（2）高度概括事件内容，注意控制字数。

由于受众的时间与精力有限，新闻写作人员要想吸引受众的注意力，就必须用精练、准确的语言对事件内容进行高度概括,以简洁的标题文字来突出事件的重点。在新媒体平台上,很多用户会通过新闻标题来判断自己是否继续阅读该新闻的正文内容,因此新闻标题不宜过短,否则无法向用户提示新闻的内容信息;但新闻标题也不能过于繁杂,以免在标题页面显示不全。

(3)贴近生活,通俗易懂。

新媒体新闻的标题要做到雅俗共赏、贴近生活,便于受众理解。在拟定新媒体新闻标题时,新闻写作人员应该站在受众的立场上,用直白、生动的语言概括新闻事实,避免使用晦涩难懂的词语,这样才能有效激起受众继续阅读的欲望。

(4)设置关键词。

新闻写作人员可以在新媒体新闻标题中有意识地设置关键词,包括新闻内容中出现的要点词汇以及网络热门关键词。另外,在撰写新媒体新闻标题时,新闻写作人员还应充分考虑受众的搜索习惯和新媒体平台的推荐机制,让新闻作品拥有更高的点击量。

如图5-5所示的这则新媒体新闻的标题《故宫博物院6月7日起将按限流75%开放》,关键词为"限流75%"。通过该关键词,受众可以清晰地知道该新闻的主要内容是什么。

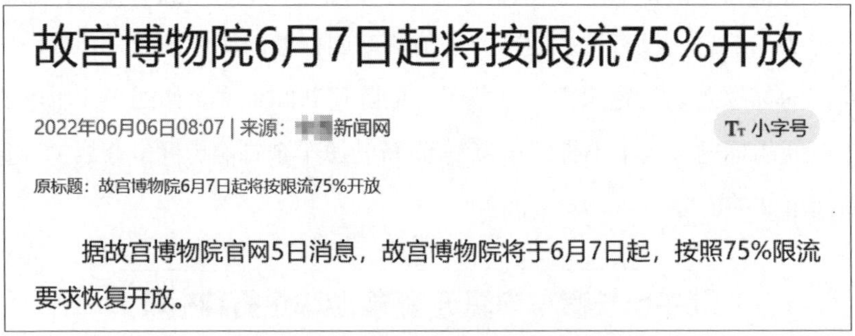

> **故宫博物院6月7日起将按限流75%开放**
>
> 2022年06月06日08:07 | 来源:■■新闻网　　　　T₁ 小字号
>
> 原标题:故宫博物院6月7日起将按限流75%开放
>
> 　　据故宫博物院官网5日消息,故宫博物院将于6月7日起,按照75%限流要求恢复开放。

图5-5　设置关键词的新媒体新闻标题

2. 导语:体现作品核心内容

导语是新媒体新闻作品的摘要和概括,位于作品的开头处。用户往往就是通过导语中短短的几句话来判断该作品内容与自己需求之间的关系的,从而决定自己是否要继续阅读正文内容。导语作为新闻作品的内容提示,应该采用精简的语言来体现作品的核心内容。新媒体新闻导语的5种常见写作方法,如表5-1所示。

表5-1 新媒体新闻导语的5种常见写作方法

写作方法	写法阐述	适用范围
先入为主	引用当事人原话或描述事件场面，再加以说明	社会类、生活类新闻话题
活学活用	截取一部分原文内容，加进自己的叙述中，然后加入新闻事件的日期	政治类、科学类新闻话题
类比夸张	从新闻事实中提炼出让人感觉意外的本质，需要特别挖掘细节或知识。一般是媒体"先入为主"地掌握细节或知识，再刻意地套用新闻事实	特定目的，如一些具有特别意义的历史性事件
殿议巷谈	用冷静的审视者身份，重新解读某些市井皆知的新热名词	争议颇多的热点新闻话题
追溯历史	用煽情的文学语言，透出历史的厚重	历史追溯类、文化艺术类、生活类新闻话题

3. 主体：语言简练，内容通俗易懂

新媒体新闻具有发布快、传播广、互动性强等特点，这些特点也决定了新媒体新闻写作比传统新闻写作更具挑战性。尤其是在写作新媒体新闻主体内容时，不仅要通俗易懂、简明扼要，还要保证新媒体新闻的时效性。下面我们就来看看在写作新媒体新闻主体时应注意哪些问题。

（1）内容要保证"短、平、快"。

新媒体新闻要更多地从贴近社会、与群众利益相关的角度出发进行写作。内容要符合新媒体平台"短、平、快"的特点，从多个微观角度切入，这样才能有效拉近与用户之间的距离。

提示　"短、平、快"中的"短"是指在最短的时间内吸引用户的注意力；"平"是指创作平易近人、接地气的内容；"快"是指传播速度较快。

（2）语言通俗易懂，尽量使用短句。

新媒体新闻除了要求客观、准确外，文稿内容还要做到精短、朴素、易懂。在写作新媒体新闻主体内容时，尽量不要使用生僻字及比较拗口的词语和句子。每段文字的内容不宜太长，句子也应尽量简短，以便于用户阅读。同时，文中可

适当嵌入热门流行词汇，如"给力""点赞""光盘行动""逆行者""教科书式"等，但要慎用含糊的网络流行语。

（3）共性中找个性，创作独家新闻。

新媒体新闻写作者要想牢牢吸引住用户的注意力，就要多写独家新闻，即使是在共性事件中也要找到它的个性，找到用户感兴趣的内容。例如，外国某城市的地铁起火，此消息引起国内网民关注。其中一家新媒体新闻机构从地铁乘客较为关心的"安全""逃命"等角度出发，创作了一篇独家新闻——《如果地铁起火——六分钟包你逃生》，内容通俗易懂，为该新闻作品带来了非常不错的阅读量。

5.2.2 新媒体新闻写作案例详解

在新媒体平台上，不同体裁的新闻在时代的浪潮中发生了潜移默化的改变。下面将列举不同体裁的新闻案例并对其进行分析，以便大家更加深入地了解新媒体新闻的特点与写作方法。

1. 新媒体新闻消息案例分析

传统的新闻消息具有真实性、时效性、短小精悍等特点，新媒体新闻消息不仅继承了传统新闻消息的特点，还增添了一些新的特点，同时发布渠道也更加多元化了。

某新闻类微博账号上发布了一则新闻消息，用凝练的语言报道了芒种时节河北邢台506万亩小麦进入收割阶段，以及多台联合收割机在麦田里收割小麦的情况，如图5-6所示。该新闻消息语言简洁、不拖沓，内容清晰明了、通俗易懂。同时，该条新闻消息的结尾还添加了视频超链接，用于补充新闻消息的内容，以"文字+视频"的方式为受众提供了更加直观的阅读体验。

图5-6 某微博账号发布的新媒体新闻消息

2. 新媒体新闻通讯案例分析

新闻通讯是一种非常常见的新闻体裁，主要运用记叙、描写、议论等多种手法，生动形象地反映新闻事件或典型人物。通常，新闻通讯具有4个特点，即严格的真实性、报道的客观性、较强的时间性和描写的形象性，如图5-7所示。

某新媒体新闻平台发布了一篇标题为《行走城市乡野，记录中国脉动》的新闻通讯稿。该通讯稿属于概貌通讯稿，叙述的是随着2022年"看中国·外国青年影像计划"在湖北、山东、重庆、广东等地启动，近40位外国青年导演携手中国高校学生，就非遗传承、生态保护、乡村振兴、科技创新、城市发展等热点议题拍摄了纪录片，以外国青年的视角，讲述了他们眼中不一样的中国故事，如图5-8所示。该通讯稿借助外国青年独特的视角和多元题材，从不同的角度展现了中国人的风华、中国社会的风尚和中国广袤的自然风光。

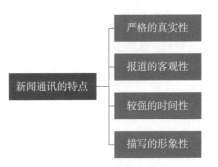

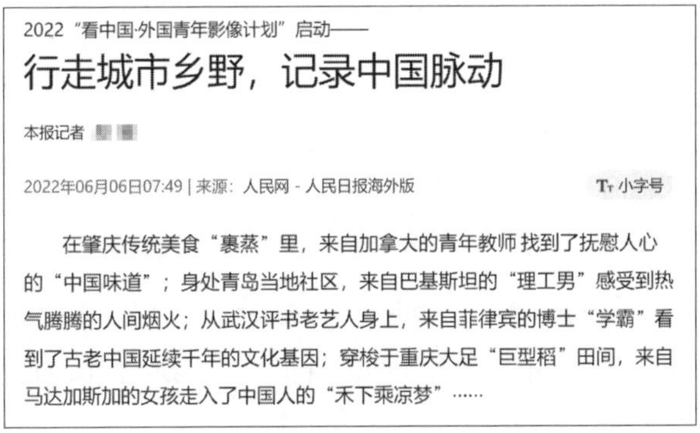

图5-7　新闻通讯的4个特点

图5-8　某篇新闻通讯稿的部分内容

3. 新媒体新闻特写案例分析

新媒体新闻特写是指运用类似电影拍摄中的"特写镜头"的手法来反映事实的一种新闻文体。新媒体新闻特写通常具有现场感较强、篇幅较短等特点，写作人员需要运用文学的手法集中描述某一重大新闻事件的发生现场，或者某些重要、精彩的场面，生动形象地将报道的新闻事实呈现给受众。

1997年7月1日香港回归，为了记录这一重大历史时刻，新华社多位记者通力合作，创作出了图5-9所示的这篇名为《别了，"不列颠尼亚"》的新闻名篇。

这篇报道站在客观公正的立场上，向读者真实、准确地呈现了香港回归这一重大的历史时刻。文章的立意高，内容新，角度和视点独树一帜，耐看耐读，令人回味悠长。该新闻特写作品无论是在视觉化的表达上，还是在情景真实性以及新闻受众的感官体验方面都堪称经典，很好地激发了读者的爱国情怀和民族自豪感。

> **《别了，"不列颠尼亚"》**
>
> 新华社记者 ████ ████ ████ ████ ████
>
> 在香港飘扬了一百五十多年的英国米字旗最后一次在这里降落后，接载查尔斯王子和离任港督彭定康回国的英国皇家游轮"不列颠尼亚"号驶离维多利亚港湾——这是英国撤离香港的最后时刻。
>
> 30日下午在港岛半山上的港督府拉开序幕。在蒙蒙细雨中，末任港督告别了这个曾居住了二十五任港督的庭院。
>
> 4点30分，面色凝重的彭定康注视着港督旗帜在"日落余音"的号角声中降下旗杆。

图5-9 《别了，"不列颠尼亚"》的部分内容

4. 新媒体新闻时评案例分析

新闻时评，又称时事评论，是指新闻写作人员对发生的新闻事实、现象、问题，在第一时间发表自己的观点和论述的新闻文体。在新媒体环境下，由于信息传播的时效性大大增强，新闻时评在主题与观念表达等方面都有了相应的创新。比如，公众感兴趣的热点事件都可以成为新闻时评的主题，观点碰撞日趋激烈，语言的表达则更加自由、鲜活。

2017年2月24日，《新华日报》头版的新闻评论《民生实事莫沉迷于"数字突破"》（见图5-10），全文短小精悍（仅1243个字）、结构严谨、立意深刻，获得了第二十八届中国新闻奖文字评论一等奖。都说"民生无小事"，关于民生话题的时评文章不计其数。该新闻时评作品的作者以"还原家庭医生系列问题真相"的报道为切入点，表面上批评的是家庭医生的"签约率跃进"，最终却将时评的观点聚焦到了"数字政绩"问题上。

该新闻时评作品获奖的关键还在于它围绕主题，结合新闻宣传重点，唱响了主旋律，传播了正能量。新闻时评的舆论导向一定不能偏，要站在正确、公众的立场上发声，对新闻事实进行评论、表述观点时一定要做到实事求是。《民生实事莫沉迷于"数字突破"》这篇新闻时评作品最大的亮点就是运用了很多新名词，如"数

字突破""数字焦躁症""乘数效应""几何级增长""垒大户""堆盆景""被脱贫"等。这种由互联网文本衍生出来的语言风格,使新媒体新闻时评显得通俗活泼,富有张力,也改变了传统时评文章死气沉沉的腔调,为时评内容添了几分活力。

> **民生实事莫沉迷于"数字突破"**
>
> (作者:▇▇ 新华日报 2017年02月24日)
>
> "近半居民已有家庭医生""重点人群家庭医生签约率已达70%"……最近,不少省市有关家庭医生的好消息让人备感振奋。然而,有人也发出质疑之声:为何家庭医生签约率如此之高,自己却没享受到家庭医生服务?南京一家媒体23日的报道解开了这个谜团:一个医生往往要完成几千个居民的签约,目前所谓签约率只是一个数字概念,实质内容非常有限。
>
> 推进家庭医生签约服务,是一件惠民实事。去年6月,国务院医改办、国家卫生计生委等6部门就此联合制定指导意见,提出了具体要求。随后,全国各地闻令而行,努力推进,这项工作已经取得不少成效,很多地方取得"突破性"进展。不过,在肯定成绩的同时,听听公众的切身感受,看看媒体的深入调查,我们也要警醒——有些"突破"恐怕只是"数字突破"。如果数字失准、失真,一些关于民生实事的"数字突破"即使看起来再美,也难以给群众带来实实在在的获得感。

图5-10　《民生实事莫沉迷于"数字突破"》的部分内容

课堂实训——案例分析:新媒体新闻时评作品《推动主题公园高品质升级》

《人民日报》曾发表过一篇标题为《推动主题公园高品质升级》的新闻时评作品,如图5-11所示。下面我们就这篇新闻时评作品的优缺点进行分析,看看这篇新闻时评作品有哪些值得学习和借鉴的地方,又有哪些需要改进、优化的地方。

> 近日,国家发展改革委等5部门联合发文规范主题公园建设发展,给主题公园降温的政策意图鲜明。指导意见提出,主题公园的建设发展要"严格用地管理""严格核准程序""严控房地产倾向""严防地方债务风险"等。严字当头,就是要以控制总量来提升质量。
>
> 从1989年内地第一家主题公园深圳"锦绣中华"开业至今,近30年来,全国共有约2500家主题公园相继落地开花。它们装点了城市面貌,完善了城市功能,也满足了人民群众日益增长的文化生活需要。但在争相发展中,问题也日渐突出:不少公园定位时主题模糊,建设时内容空洞,审美上相制滥造,运行中也难言创新,后续开发更是草率。当产能过剩与经营不善互相叠加,后果就是:开门时好不热闹,不久门庭冷落,最终锈迹斑斑。七成亏本,二成持平,一成赢利,这是目前国内主题公园经营现状。不少主题公园已从文化资产成为城市负资产。

图5-11　《推动主题公园高品质升级》的部分内容

值得学习和借鉴的地方是,这篇新闻时评作品的标题简洁明了,文章条理清晰，分点论证。首段直接从公文入手，强调了主题公园建设问题，具有很强的说服力。文章中除了反思主题公园自身存在的不足外，还通过迪士尼的成功经验突出了我国主题公园建设的仓促，形成了正反对比论证。后续论证了商业对主题公园建设的影响，从投资有利可图和文娱方面论证了低水平主题公园频出的原因。整篇文章都在强调要建设高品质的主题公园，紧扣主题。

需要改进、优化的地方是，文章整体论证框架里可以加入为什么需要高品质公园，将大众的需求、社会的进步以及建设国家环境和精神需要加入其中，这样文章看上去会更接地气，更贴近群众生活。

课堂小结

本章从新媒体新闻的基础知识出发，详细介绍了新媒体新闻的概念、特征和写作要点，同时对不同的新媒体新闻类型进行了案例分析。通过对本章内容的学习，大家可以了解新媒体新闻的概念和特征，掌握新媒体新闻的写作要点和基本技能，利用新媒体平台赋予新闻作品更高的价值。

课后作业

1. 简述新媒体新闻的特征。
2. 运用本章所学知识，结合最近发生的新闻事件，自拟标题，写一篇新媒体新闻报道。要求结构完整，语言生动，主题鲜明，不超600字。

第 6 章 新媒体广告写作

新媒体广告是新媒体运营者向用户传递品牌理念、产品信息、活动信息的重要手段。通过新媒体广告文案,新媒体运营者可以全方位地触达用户,激发用户的需求,提升用户对品牌和产品的认知,进而实现较为理想的销售转化效果。新媒体广告文案发展至今,已经形成了一套固定的写作规范,也积累了很多有价值的写作技巧,这些都是新媒体写作人员需要学习和掌握的知识。

本章学习要点

- 熟悉新媒体广告文案的特点
- 熟悉新媒体广告文案的分类
- 掌握新媒体广告文案的写作要点
- 掌握新媒体广告方案的写作方法

6.1 认识新媒体广告文案

新媒体广告文案是新媒体运营者进行营销宣传，发布营销信息的重要载体。好的新媒体广告文案能有效促进产品销售，提升品牌影响力。在写作新媒体广告文案之前，新媒体写作人员首先需要了解新媒体广告文案的特点和分类。

6.1.1 新媒体广告文案的特点

新媒体广告文案的呈现方式丰富多样，创意空间广阔，具有灵活性、互动性、精准性、透明性和可追踪性5个特点，如图6-1所示。

图6-1 新媒体广告文案的特点

1. 灵活性

新媒体广告文案的灵活性主要体现在以下两个方面。

（1）广告展示形式具有灵活性。

新媒体广告的展示形式一般包括文字、图片、音频和视频等。新媒体写作人员可以根据自己的需求灵活选择新媒体广告的展示形式，也可以将多种展示形式结合，使广告文案的创意设计得到充分的展示。

（2）广告投放后的信息更改具有灵活性。

传统媒体广告一经投放，则不能轻易更改，如果广告信息出现错误，就会给广告主带来巨大的损失。但通过新媒体平台投放的广告信息如果出现差错，新媒体写作人员则可以根据广告主的要求及时更改替换广告信息。比如，直接删除错误广告，重新发布正确的广告；或在评论区贴出广告勘误声明，并附上正确信息，等等。

2. 互动性

新媒体的出现打破了传统媒体的信息发布者与受众之间的边界，在新媒体环境下，每个人既可以是信息的接收者，也可以是信息的传播者。传统媒体广告的传播是单向的，而新媒体广告的传播则是双向的，受众不仅可以主动选择接收信息或拒绝接收信息，还可以反馈自己的意见，甚至可以自己发布信息。

例如，某手机企业在其官方微博上发布了一条新品广告文案，该新媒体广告文案有2000多条评论（称为"深互动"）和8000多个点赞（称为"浅互动"），用户只要想发表自己的观点，随时都可以参与其中。同时，近 7000 条的转发量，也能为该广告文案带来不少的阅读量，如图 6-2 所示。

3. 精准性

新媒体广告能够对受众进行基于地域（IP 地址识别）、阅读兴趣、点击习惯甚至上网时间等更为精细的划分，使广告的投放更为精准。精准投放不仅可以节约广告投放预算，还可以维护用户对品牌的好感度。

用户在根据自身喜好选择想要观看、阅读或聆听的内容时，会在新媒体平台上留下浏览痕迹。这些痕迹被新媒体平台服务器记录下来后，平台方会根据这些痕迹识别用户的性别、年龄、偏好等特征，然后根据用户的特征向其推送他们感兴趣的内容，从而可以提高有效到达率和购买转化率。

图6-2 某手机企业在微博上发布的新品广告文案

例如，某用户近期在手机淘宝上浏览过箱包类产品之后，手机淘宝后台就会给该用户打上相应的需求标签。此后该用户再次浏览手机淘宝时，淘宝平台就会向其推荐大量箱包类产品，如图 6-3 所示。

 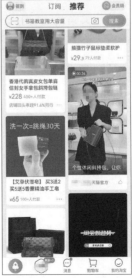

图6-3 淘宝平台向某用户推送的箱包类产品信息

4. 透明性

传统媒体广告在投放时有可能会受到技术因素的限制，从而使得买卖双方的信息不对称。在这种信息不够透明的情况下，受众很容易对广告内容产生怀疑、误解，或者难以理解广告内容的真实含义。新媒体广告出现后，买卖双方信息不对称的情况得到了有效改善，广告信息更加透明，用户可以从多个渠道交叉了解、验证产品的相关信息。

5. 可追踪性

新媒体平台可以通过一定的技术手段，追踪、记录用户在平台上的相关行为，如浏览、评论、点赞、转发等。及时追踪用户在浏览新媒体广告后的相关行为，对老客户留存、新品推销等营销策略有着很重要的影响。

6.1.2 新媒体广告文案的分类

新媒体广告是指通过新媒体平台发布各类营销信息，主要包括品牌传播信息、产品促销信息和客户服务信息。根据新媒体广告信息内容的不同，新媒体广告文案可分为品牌传播类广告文案、产品促销类广告文案和客户服务类广告文案，如图6-4所示。

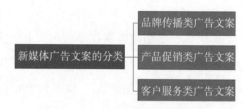

图6-4　新媒体广告文案的分类

1. 品牌传播类广告文案

品牌传播类广告文案是指向用户传递企业的品牌价值，加深用户品牌记忆的广告文案。例如，某知名的花店品牌在抖音平台上发布了一条短视频作品，该作品邀请了多名艺人共同录制了一首十周年品牌宣传MV，MV中重现了该花店开店之初顾客们真实的订花故事，如图6-5所示。新媒体写作人员希望通过这种方式让更多的人了解该品牌的创业故事和开店初衷，加深用户对该品牌的记忆。

2. 产品促销类广告文案

产品促销类广告文案是指向用户展示企业的产品促销信息，从而激发用户购买行为的广告文案。例如，某食品品牌与多位关键意见领袖和艺人合作推出了相关的产品促销短视频，并取得了非常不错的营销效果，如图6-6所示。

图6-5 品牌传播类广告文案

图6-6 某食品品牌的产品促销类短视频

3. 客户服务类广告文案

客户服务类广告文案是指向用户展示服务类产品的广告文案,也可以展示企业在售卖产品前后向消费者提供的服务内容(通常是额外的、增值的服务),包括售前服务和售后服务。例如,中国移动发布的关于5G技术的宣传片,向用户介绍了5G技术将为世界带来怎样的改变以及5G技术的应用场景,如图6-7所示。

图6-7　中国移动发布的5G技术宣传片

6.2　新媒体广告文案的写作要点与写作方法

与传统广告文案相比，新媒体广告文案更注重写作者与用户之间的深度沟通和交流；提供的信息质量也更高，能够为用户解决更多的信息难题。同时，新媒体广告文案的内容也更具观赏性和娱乐性，用户能够以更轻松、更愉快的心态去接受广告信息。下面我们就一起来看看新媒体广告文案的写作要点与写作方法。

6.2.1　新媒体广告文案的写作要点

新媒体广告文案的写作目的在于通过广告文案的传播，为企业带来更多的成交转化。因此，新媒体写作人员可以参考"AITDA"5步成交法来进行新媒体广告文案的写作，以提升新媒体广告文案的成交转化率。"AITDA"5步成交法包括成交转化的5个关键步骤，即抓住用户的注意力（Attention）、激发用户的兴趣（Interest）、与用户建立信任（Trust）、刺激用户的购买欲望（Desire），以及引导用户产生购买行为（Action），如图6-8所示。

图6-8　"AITDA"5步成交法

1. 抓住用户的注意力

在浏览新媒体广告文案时，用户最先看到的内容一般就是广告文案的标题，因此，新媒体广告文案的标题也成了抓住用户注意力的关键。新媒体广告文案标题的写作方法多种多样，如设置悬念、进行对比、借助热点、列出数据、直指目标、提供利益等。新媒体写作人员还可以将品牌或产品名称融入标题中，便于受众在看到标题时，就能及时了解该广告文案的内容，又能加深用户对品牌或产品的认知。

例如，京东平台上某条广告文案的标题为《你值得拥有美的空调》，不仅突出了品牌名称，也揭示了文案的主题，如图6-9所示。用户即使没有点击该广告阅读正文内容，也能了解文案内容，这样便加深了用户对美的空调的印象。

2. 激发用户的兴趣

新媒体写作人员在写作新媒体广告文案时，要学会通过广告文案的开头部分使用户产生代入感，同时点出用户的关注点和需求，并展示出产品的卖点，从而激发用户的兴趣。新媒体写作人员在创造代入感时，一定不能脱离了产品的卖点。可以展示用户在日常生活中可能会遇到的问题，然后借助产品提供相应的解决方案，进而促使用户产生购买需求。

例如，某新媒体广告文案首先在开篇处提醒用户周日就是父亲节了，接着在后文中为用户推荐了几款父亲节礼物，帮助想尽孝心的用户解了燃眉之急，从而激发了用户的兴趣，如图6-10所示。

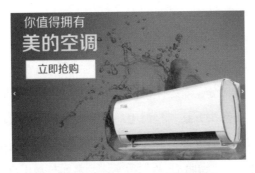

图6-9 美的空调新媒体广告文案标题

图6-10 某新媒体广告文案

3. 与用户建立信任

新媒体广告文案的正文要使用户产生信任感，即使用户在看到广告信息后存有一定的疑虑，新媒体写作人员也要在证明产品卖点的过程中打消用户的疑虑，坚定他们购买产品的决心。例如，在新媒体广告文案的正文中除了介绍产品信息以外，还可以提供买家秀、买家的评价与反馈、权威认证证书等信息，增强用户的信任感，如图6-11所示。

图6-11 权威认证信息

4. 刺激用户的购买欲望

在新媒体广告文案正文的后半部分，新媒体写作人员需要进一步思考用户还可能存在哪些疑虑，并提出相应的解决方案，打消用户的购买疑虑，刺激用户的购买欲望。例如，不少用户在购买产品后会担心售后服务不到位，这时新媒体写作人员就可以在广告文案中给出"7天无理由退换"等承诺，从而打消用户的购买疑虑，刺激用户的购买欲望，如图6-12所示。

5. 引导用户产生购买行为

在新媒体广告文案的结尾部分，新媒体写作人员可以总结产品的核心卖点，并提供明确的购买指导，如"点击购买"等，从而引导用户产生购买行为，提高销售成功的概率。例如，某新媒体广告文案的结尾处再一次给出了产品的购买链接，如图6-13所示。

图6-12　售后保障信息

图6-13　结尾处的产品购买链接

6.2.2　新媒体广告文案的写作方法

文案不仅是一种广告载体，还是一种销售手段。优质的新媒体广告文案不仅能够准确地把握用户的心理，提高产品转化率；还能有效加深用户对品牌的印象。电商文案是新媒体广告文案中非常重要的一种类型，下面我们就以电商文案为例介绍新媒体广告文案的写作方法。

1. 商品标题文案

电商文案与其他新媒体文案相同，标题的撰写十分重要。在电商平台上，用户可以通过自主搜索的方式购买商品，而搜索结果就是搜索的关键词与商品标题相匹配所呈现出来的内容。例如，在淘宝平台上搜索商品关键词"炒锅"，搜索结果页面中就会展现与炒锅相关的商品标题和商品主图，如图6-14所示。也就是说，只有当商品标题文案符合用户的搜索需求时，商品才有可能进入用户的视线。由此可见，商品标题文案是电商文案的核心要素。

图6-14　商品搜索结果页面

商品标题文案主要由与商品相关的关键词组成，包括品牌名称、商品名称、商品类别和商品属性等信息。对于大多数个人原创品牌来说，品牌名称就是店铺名称；商品名称是标题中必须体现的信息，是保证商品能被搜索到的必要内容，如"洗发露""高跟鞋""太阳镜"等；商品类别是商品的分类，如"春装""休闲零食"等；商品属性是指商品的规格信息和商品特性，如"大码""500g""控油""宽松"等。

知识拓展

商品主图文案

商品主图文案一般由1个视频和5张图片组成，从不同的角度展示了商品信息，如商品的卖点、使用场景、细节、实拍图等。某商品的视频主图，如图6-15所示，图片类主图，如图6-16所示。

图6-15　视频主图

图6-16　图片类主图

2. 商品详情页文案

商品详情页文案是商家通过文字、图片和视频等形式对商品各方面的信息进行展示与描述的文案。商品详情页文案是电商文案中的一个重要类型，其展示效果将直接影响用户的购买转化率。

商品详情页文案所展示的内容比较多，新媒体写作人员必须熟悉商品详情页的框架，才能更好地布局每块的内容。商品详情页文案的写作框架可以从两个方面入手进行搭建：一是以图片为中心；二是以商品为中心。

（1）以图片为中心。

在商品详情页中，图片是非常重要的一个元素。清晰、直观的图片能够很好地展现出商品的特点，激发用户的购买欲望。商品详情页的图片有焦点图、商品总体图和细节图、场景图等。

①焦点图。通常情况下，焦点图是放在商品详情页最上方的图片，主要用来推广店铺的商品。当店铺正在开展上新活动时，焦点图一般呈现的是与上新活动相关的海报。这种图片往往具有很强的视觉冲击力，非常容易吸引用户的注意力，激发用户点击浏览的欲望。例如，某电饭煲商品的详情页焦点图为用户展示的是店铺中主推的几款电饭煲商品，如图6-17所示。

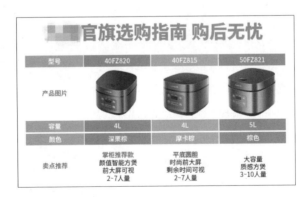

图6-17　某电饭煲商品的详情页焦点图

②商品总体图和细节图。商品总体图是指可以展现商品全貌的图片，而细节图则是展现商品细节部分的图片。商品总体图和细节图一般是以不同角度、不同颜色来立体、直观地展现商品信息的。某女鞋商品详情页中的商品总体图如图6-18所示。

③场景图。场景图是指将商品放置在生活化场景中，或者由真人使用时所拍摄的图片。在这种图片中，商品不再显得单调，而是充满生活气息，能够给用户带来良好的视觉体验。某帐篷商品详情页中的场景图如图6-19所示。

图6-18　某女鞋商品详情页中的商品总体图

图6-19　某帐篷商品详情页中的场景图

（2）以商品为中心。

在进行商品详情页文案写作时，新媒体写作人员应该充分了解并熟悉店铺中的商品，除了熟悉商品的功能、卖点、材质、价格等信息外，还要掌握商品的使用方法。假如某些商品的介绍需要用到专业知识，那么新媒体写作人员切忌按照自己的理解随意描述，而是应当向专业人士或者供应商请教，以防出现错误。另外，新媒体写作人员还应了解商品的性价比、优缺点、售后服务及受众的需求等信息，这样才能为文案的撰写打下良好的基础。

在介绍商品信息时，新媒体写作人员要重点展示商品的价值。商品的价值包括使用价值与非使用价值。其中，使用价值是商品的自然属性，每个商品都具有使用价值。例如，某充电宝商品的详情页，就通过图文结合的方式为用户展示了该充电宝的使用价值，即该充电宝可以通过自带线为手机充电，如图6-20所示。

图6-20　某充电宝的使用价值

3. 电商海报文案

在电商平台上，最引人注目的就是一张张设计精美的海报了。海报一般由图片和文字组成,是电商营销中的一种必要手段,通过视觉呈现的方式吸引用户的注意力,向其传递重要的商品信息。那么,如何才能创作出一篇优秀的商品海报文案呢?下面就为大家详细介绍一下电商海报文案的写作要点。

(1)写好主标题。

电商海报文案中的主要信息包括主标题、副标题、产品卖点和促销信息等。一般用户最先看到的是电商海报文案的主标题,由此可见,主标题是吸引用户注意力的关键元素,它将决定用户是否会点击海报查看详情。一张优质的电商海报必须有一个鲜明的主标题,例如,淘宝平台上的活动海报文案,用户一眼就能被主标题中"每满300减50"的优惠信息所吸引,如图6-21所示。

图6-21　淘宝平台上的活动海报文案

(2)文案要有创意。

创意十足的文案总能脱颖而出,让人耳目一新。优质的电商海报文案除了要展示具有诱惑力的促销信息外,还要通过创意来打动用户,使用户心甘情愿地下单购买商品。

新媒体写作人员可以通过以下两种方法来构思创意。

方法一:将日常口语与场景相结合。

生活中沉淀下来的口语具有很强大的能量,而且具有丰富的使用场景。电商海报使用口语化的文案,搭配常见的场景,能够轻松、自然地吸引用户的注意力,使其迅速对商品"心动"。例如,某销售零食类商品的网店,店铺首页中的电商海报文案通过谐音将日常口语与场景相结合,使文案看上去创意十足,如图6-22所示。

方法二:突出商品的特征。

新媒体写作人员要强调商品与众不同的特征,并将这些特征置于广告画面的主要视觉部位，或者加以烘托处理，使用户在目光接触到画面的瞬间就能立刻感受到其独特性，从而产生购买欲望。例如，某吸尘器商品的海报文案就将商品的核心卖点"强力擦地 不止吸扫"用大号字体重点展示出来，用户在看到该海报文案的第一时间就能清楚地知道该商品的卖点是什么，如图6-23所示。

图6-22　某零食类网店的电商海报文案

图6-23　某吸尘器商品的海报文案

（3）借力热点话题。

电商海报文案一般被置于电商平台或网店的核心位置，要想快速吸引用户的注意力，激发他们点击浏览的兴趣，新媒体写作人员可以将海报文案与社会流行的热点话题、热门影视剧等相结合。例如，某经营户外商品的网店，以当下较热门的户外项目"露营"为切入点创作了宣传海报文案，展示了不同的露营体验和露营氛围，如图6-24所示。

图6-24　某网店创作的"露营"话题宣传海报文案

（4）注重排版。

电商海报文案的排版通常包括对齐排版、对比排版和分组排版。其中，对齐排版是最基础的排版方式,分为左对齐、右对齐、居中对齐等。例如,天猫平台上的一篇海报文案采用的就是左对齐的排版方式,海报左侧排列文案内容,右侧展示图片,如图6-25所示。

在对齐排版的基础上,新媒体写作人员可以进行对比排版和分组排版。如果海报画面能够呈现出强烈的视觉对比效果,往往更容易吸引用户的注意力。在电商海报文案中,较为常见的对比排版方式就是字体大小和粗细对比。字体大小和粗细对比可以强调并区分重要的内容,主要体现在主标题与副标题中。假如行与行之间的内容不一致,那么也需要设置字体大小和粗细对比。另外,字体大小和粗细对比一定要十分明显,使用户可以一眼看出其中的对比关系。

例如,某电商平台的海报文案中,主标题"618狂欢盛典"被以大号、加粗字体醒目地标注了出来,让人一眼就能看到;而副标题"限时抢爆款5折"则被以相对小一点的字体展示,与主标题形成了视觉对比,如图6-26所示。

图6-25 采用左对齐方式进行排版的海报文案

图6-26 采用对比排版的海报文案

课堂实训——四步完成电商促销活动文案的写作

对于电商运营者来说,每逢重要的节假日及"双11""双12""6·18"等重要活动,都是他们开展促销活动、吸引用户的好时机。那么,如何写作电商促销活动文案才能有效吸引用户的注意力,提升商品销量呢?新媒体写作人员可以从以下四个方面入手,对促销活动的相关内容进行整合描述,从而完成电商促销活动文案的写作。

1. 关联目标用户

写作促销活动文案的目的主要在于,以活动为切入口向用户传递商品降价和优惠的信息,从一定程度上减少用户的购买压力,在短期内快速提升商品的销量。在实际的营销活动中,部分促销活动文案中虽然展示了降价和优惠信息,但并没有吸引到大量感兴趣的用户,这是因为文案内容并没有与目标用户之间产生太大的关联性。有效的促销活动文案首先要能够解决目标用户在某个场景遇到的问题，然后向其传达降价和优惠信息，这样才能有效促使用户产生购买行为。

2. 激发目标用户的参与感

如果没有用户参与促销活动，那么该促销活动就没有什么意义了。因此，促销活动文案要能够激发目标用户的参与感，使其在看过文案以后就能熟悉活动规则，并积极、主动地参与活动。

3. 制造紧迫感

在促销活动文案中制造紧迫感，可以促使用户尽快做出购买决定。新媒体写作人员可以利用"物以稀为贵"的现象，从促销商品的数量和促销活动的时间两个方面来体现促销商品的稀缺性。例如，某网店的活动促销文案向用户强调了活动赠品是限量的，送完即止，同时还强调了优惠券的使用时间，以增强用户的紧迫感，如图6-27所示。

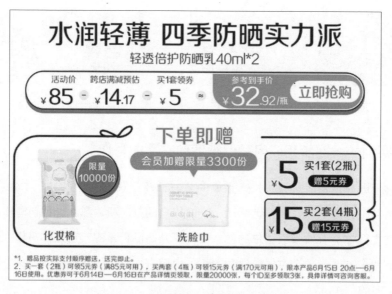

图6-27 在促销活动文案中制造紧迫感

4. 促销活动要有针对性

在进行促销宣传时，新媒体写作人员要根据不同的消费人群创作不同的促销文案，这样才更有利于销售目标的实现。促销活动文案的语言风格要符合特定人群的用语习惯。例如，针对老年用户，应多以晚辈的口吻进行描述，既要通俗易懂，又要充满亲情；针对年轻用户，则可以运用网络语言、幽默诙谐的语言进行表达。恰当的促销语言可以拉近与消费群体的心理距离，也能够营造出良好的促销氛围，更容易被用户接受和认可。

课堂小结

本章主要介绍了新媒体广告文案写作的相关知识，包括新媒体广告文案的特点、分类以及写作要点与写作方法。通过对本章的学习，大家应熟悉新媒体广告文案的特点和分类，掌握新媒体广告文案的写作要点和写作方法。

课后作业

1. 请简述新媒体广告文案的分类。
2. 某公司全新推出了一款巧克力产品，每块巧克力上都刻有心形图案，且心形图案的内层有甜味适中的软糖夹心，口感独特。据介绍，该公司推出的这款产品是公司创始人向其未婚妻表白时想出来的创意。请结合该情节为这款产品撰写一篇新媒体产品宣传文案。

第 7 章 新媒体文学写作

随着互联网的发展,新媒体文学逐渐走进大众视野。由于新媒体文学有表现形式多样、题材丰富、传播便捷、互动性更强等优点,使得不少企业都应用新媒体文学来推广自己的产品或品牌。本章将详细介绍新媒体文学的特征及常见形式的写作技巧,旨在帮助大家快速创作优质的新媒体文学作品。

本章学习要点

- 了解什么是新媒体文学
- 熟悉新媒体文学的特征
- 掌握新媒体文学常见形式的写作技巧

7.1 认识新媒体文学

网上盛行的"新媒体文学"是什么呢？为何诸多企业纷纷借助新媒体文学进行商业营销并取得了佳绩呢？本节将揭开新媒体文学的神秘面纱，详细阐述新媒体文学的定义和新媒体文学的特征。

7.1.1 什么是新媒体文学？

"新媒体文学"是指借助数字化技术传媒（如网络、手机等）创作和传播的文学作品。新媒体文学以新媒体技术及相关软硬件设备为依托，在新媒体平台（如微博、微信等）创作、传播文学性质的内容。新媒体文学的优点数不胜数，提高文学生产力的同时，也扩大了文学的影响力。

例如，一篇冷笑话相关的新媒体文章，阅读量超过了 10 万，点赞最多的一条留言有 800 多个赞，如图 7-1 所示。整篇新媒体文章，没有华丽的辞藻，有的只是当下热门的段子、冷笑话。这样简单但富有趣味性的新媒体内容，生产难度不大，但传播效果极佳。

图7-1 一篇冷笑话相关的新媒体文章

新媒体文学不仅制作成本低，传播效果还很好，这也正是众多企业都会选择新媒体文学来做营销的原因。

7.1.2 新媒体文学的特征

要想写出一篇优秀的新媒体文学作品，就需要先认识新媒体文学的特征。相较于传统的文学，新媒体文学的特征如图 7-2 所示。

图 7-2 新媒体文学的特征

1. 表现形式多样化

我国改革开放之后，文学就迎来了一波思想解放的浪潮，诗歌、小说、戏剧等表现形式都成了有影响力的文学文本。伴随着互联网的发展，文化的交融更是给我国文学带来了新的冲击。发展至今，更是人人都可以写作，都可以表达自己的思想及情感，成为作家。

2. 题材丰富

传统纸质文学作品中的文学创作主题通常很有限，而且发布门槛极高。但是对于新媒体文学而言，题材丰富。总之，新媒体文学的题材丰富到了可以任君选择的程度，大家可以结合自己的实际情况选择题材。

3. 传播便捷化

相较于传统纸质文学作品的传播，新媒体文学可以通过互联网，实现更为便捷化的传播。而且新媒体文学作品的接收也更为便捷，用户可以通过手机、电脑等工具，利用碎片化时间打开新媒体文学作品，接收信息。

4. 互动性更强

新媒体文学作品不仅可以直接与用户交流互动，还能统计详细数据。例如，企业在微博发布一篇微博文案后，凡是看到这条文案的微博用户，都可以与文案作者进行点赞、转发、留言等互动。作者通过这些用户互动信息，可以大致判断文案的受欢迎程度。如果想进一步分析一篇文案的传播效果，那么可以在微博后台查看这篇文案的阅读量、互动量等精细数据，这样有利于作者根据用户需求创作出更多受欢迎的爆款文案。

7.2 新媒体文学常见形式的写作技巧

随着新媒体文学的发展，其展现形式也逐渐多样化起来，如常见的新媒体诗歌、新媒体小说、新媒体段子等。本节将为大家详解新媒体文学常见形式的写作技巧。

7.2.1 新媒体小说

新媒体小说指的是在新媒体平台上发布的各类小说作品。一些热门的新媒体小说，得到读者的认可后，便有机会出版或被拍摄成影视剧作品，为作者带来收益。例如，某知名小说作者在微博上创作了一部长篇小说《围脖时期的爱情》，该长篇小说已出版售卖，以该书名命名的微博账号（见图7-3）也收获了 8.6 万个粉丝。

图7-3　"围脖时期的爱情"账号首页

新媒体小说一般有着篇幅短小、内容精简、创作者大众化等特点。要想写好新媒体小说，就需要掌握一些写作技巧，如贴近生活、锤炼语言、情节跌宕等。

1. 贴近生活

都说小说源于生活，要想写好小说，就需要贴近生活。大家可以截取生活中平凡的片段来打动读者。例如，某博主在微博上发布了一篇小说，节选的部分内容如下。

她离乡打工，独子豆豆交给爷爷带。豆豆调皮，经常跟隔壁的妮妮打架。她恨铁不成钢，春节回家，训斥豆豆："不准打架，跟妈妈去隔壁道歉！"

豆豆委屈地哭道："谁叫她骂我是骗子。"母子到了邻居家，一见到妮妮，豆豆攥紧妈妈的手，骄傲地对妮妮说："哼，你看！我没骗你吧？我也有妈妈！"

从这个节选中可以看到一位离乡打工母亲的无奈，很真实也很心酸。小说情节是一位妈妈离乡打工，孩子调皮与人打架，妈妈回来后理应教训孩子。整个逻辑合情合理，又接近生活。但是后面又提到孩子道歉时的所作所为，读者又很理解孩子之所以与人打架，是因为妈妈长期不在家，被人说没有妈妈，孩子辩解却被理解为骗人。这样的剧情很容易引发读者的情感共鸣，从而给读者留下深刻印象。

2. 锤炼语言

在写小说时，虽然内容要贴近生活，但语言一定要足够精简，并且要有很强的代入感。例如，某小说作品的节选内容如下。

地震时，房屋像儿子玩的积木般倒塌了。他发疯地奔向小学，终于在操场找到了十岁的儿子，紧紧搂在怀里。回家，四望尽废墟。老远就见一个老人半跪着，一边歇斯底里呼唤他的名字，一边扒拾砖瓦，双手血肉模糊。他冲过去一把将老人搂在怀里，低吼一声："娘！"风中白发，刺疼他的眼。

该节选内容虽然只有几行字，但讲述了地震来临时一个中年男人的反应，包括他飞奔找儿子，又见娘在坍塌废墟下找寻他的样子。给人很强的画面感，读者很容易代入场景中去。

3. 情节跌宕

"小说"如果都是平平无奇的内容，就很难留住读者。所以在写小说时，往往需要跌宕起伏的情节。例如，微博转发量较高的一篇小说如下。

他有空就用纸叠心形折纸，见到她就给她。这个习惯多久了？他自己都不清楚。突然，有天她电话里说："今天有个收废纸的来，我问了价钱，然后把你送我的心形折纸都卖掉了……"顿了顿，"刚好九块钱，等下你收拾收拾，我们一起去民政局领证吧！"

读到前半段时，还认为是男孩儿的单相思，女孩儿根本不在意他叠的折纸，甚至还把那些"用心"叠的折纸当废纸卖了。但读到后半段，可以看出女孩儿是喜欢男孩儿的，甚至主动提出领证邀约。整个小说只有几行字，却凭借跌宕起伏的剧情给人留下了深刻印象。

在写新媒体小说时，除了需要注意以上几点外，还需要注重小说的连续性和互动性。因为新媒体使得互动方式多样化起来，作者可以在小说中加入一些利于互动的内容，如"关注我，更新第一时间知道！"

7.2.2 新媒体诗歌

随着微博、微信、知乎等新媒体平台的发展，诗歌的发表和阅读的门槛也被迅速拉低，由此也给普通大众提供了很多写诗歌的机会。像余秀华、郭金牛这样的"草根诗人"也逐渐走进大众视野。余秀华，湖北女诗人，出版过《月光落在左手上》《摇摇晃晃的人间》《我们爱过又忘记》等作品。余秀华除了个人经历励志外，还因作品放荡不羁，在网上备受争议的同时收获了大量粉丝，从而迅速走红网络，图7-4所示为余秀华地铁新年诗歌展节选。

相较于传统纸质诗歌，新媒体诗歌语言简朴，语句构成简单。特别是在当下碎片化阅读习惯中，新媒体诗歌容易被当成心灵鸡汤和快餐阅读的对象。因此，在写这类诗歌时，既要浅显易懂，还要富含深意。如图7-5所示的某抖音博主在抖音发布的原创诗歌，作者用生活中常见的花、月亮、乌鸦、枯井等素材，组合成了一首简短的诗歌。通过诗歌，表达了爱与恨之间的天差地别，也渲染着两种极端的氛围。

图7-4　余秀华地铁新年诗歌展节选

图7-5　某抖音博主在抖音发布的原创诗歌

7.2.3　新媒体段子文学

"段子"原指相声作品中一节或一段艺术内容，现被广泛应用于网络中，如常见的冷段子（内涵段子）、黑色段子（恐怖故事）等。新媒体段子，可以理解为在网上流行的梗或者故事、内容等。

新媒体段子由于主题丰富、内容精炼、语言风趣，有助于反映社情民意，缓解社会压力，增强社会凝聚力，故被广泛应用于新媒体营销中。在写新媒体段子时，应掌握3个写作技巧，如图7-6所示。

图7-6　新媒体段子的写作技巧

1. 内容短小精炼

在当下快节奏的生活中，大家更倾向于轻悦化、碎片化阅读，追求短、平、快。所以新媒体段子的内容也应短小精炼，用极简的图文、视频或音频来展现即可。

例如，《暴走大事件》作为一档热门脱口秀节目，喜欢用幽默诙谐的语言来调侃社会中的奇人异事，给人留下有趣、搞笑的印象。《暴走大事件》发布的一条关于"有这样的老爸谁心里不慌啊"的视频内容，如图7-7所示。视频文案以幽默的语言解读了当下几个较为奇葩的父亲行为，让人看完都忍不住哈哈大笑。其中一条是一位父亲多次入室抢劫，被警察抓捕后盘问原因，该父亲表示就是想入狱，让儿子学会独立。博主在读完这则新闻后，还调侃道：真是"好"父亲！

2. 风格偏娱乐化

娱乐化是一种内容展现形式，是指把不具备娱乐性质的事物采用轻松、趣味的形式展现出来。美国著名学者尼尔·波兹曼在《娱乐至死》一书中说道："娱乐是电视上所有话语的超意识形态。"在新媒体环境中，娱乐化得到进一步凸显。

当下，很多科普类、财经类的内容，本不具备娱乐性，但作者将其以娱乐化形式展现，更便于读者理解。例如，抖音平台上某个美食类账号，经常发布一些幽默、可爱的短视频作品。其中一个作品分别把男生比喻成榴莲、香蕉、山竹等水果，又结合各种水果的特征说明了不同男生有什么样的性格，既让人觉得搞笑，又有所收获，因此该条短视频作品收获了20多万个点赞，如图7-8所示。

在微博里，有很多微博博主被认证为"知名搞笑博主""知名段子手"等，其粉丝量都很可观。这些微博账号多以娱乐性内容为主，如讲解段子、分享趣事等。

3. 善用反讽

反讽是新媒体段子的一大魅力之一，恰到好处的讽刺能让人感受到一种思考过程和思维能力，从而可以提高账号内容的可信度和说服力。例如，抖音平台上有一位拥有300多万粉丝的优质短视频创作者，他的抖音首页如图7-9所示。

图7-7 "暴走大事件"的某条视频　　图7-8 风格偏娱乐化的短视频作品　　图7-9 某优质短视频创作者的抖音账号首页

从图中可以看出，该博主的多条视频有数十万点赞数，受到很多用户的喜爱。他的视频多以反讽的方式"揭秘"网红生活，例如，工厂小妹扭头变成白富美，年薪过千万的"成功"剧情。反讽的方式，虽然看似"得罪"了网红圈的很多博主，但获得了大量用户喜爱。

7.2.4 微评论

在新媒体时代，文学评论逐渐大众化，每个人都可以发表自己的文学评论。一些好的微评论有利于产品的曝光和销售。常见的微评论如书评、影评、产品评价和店铺评价等。

如图7-10所示的某大众点评店铺用户为上海某家创意餐厅写的评论，详细说明了自己作为一名食客，对该餐厅的印象，包括环境、菜品、价格、服务及推荐菜等，共收获4000多名用户点赞，不少用户在留言区表示也想去吃。

大家在写评论时，应发表自己的真实看法，并找准评论的落脚点，如阐述某个作品的主题及大致内容，公平、公正地评价作品的效果。歌曲《修炼爱情》在网易云平台上的部分评论如图7-11所示。

图7-10 某大众点评店铺用户写的评论

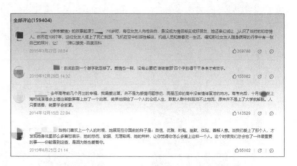

图7-11 歌曲《修炼爱情》的部分评论

这些评论要么阐述了这首歌背后的故事，要么结合自己的实际情况表达了自己的思考，让人看后很有情感共鸣，所以点赞量也较高。

7.2.5 微电影

微电影是指通过新媒体平台传播并适合在移动状态下观看且有完整故事情节的视频，如现在常见的抖音剧情视频、快手剧情视频等。例如，抖音平台名为"我有个朋友"的账号，被1000多万粉丝关注，该账号的首页如图7-12所示。该账号作为一个情感类垂直账号，凭借多条微电影视频，被众多用户喜欢。

该视频号的走红离不开视频的制作，也离不开视频文案和内容策划。这类既温暖又能引起共鸣的文案，有利于内容的传播。

图7-12 "我有个朋友"抖音账号首页

那么，大家如何写这类剧情饱满的微电影文案呢？首先，一定要有足够多的延伸点。可以用九宫格裂变法写出目标消费者感兴趣的文案内容。

以一个育儿抖音账号为例，其目标用户原本是3~12岁孩子的家长。为了吸引这些家长，先画一个九宫格，把孩子当目标用户填写在中间位置，然后裂变其他关系，如图7-13所示。这里的裂变主要考虑的是与孩子密切相关的8

个人物关系,如父母、爷爷奶奶、外公外婆、兄弟姐妹、其他亲戚长辈、老师、同学、好朋友等。

在裂变人物关系后,将目标用户进行第二步九宫格裂变——场景化事件。由于3~12岁的孩子购买能力不强,很多商品需由家长代买,因此这里九宫格的目标用户调整为"3~12岁的孩子与家长",并裂变目标人群的场景化事件,如孩子上学、做作业、出游、购物等,如图7-14所示。

当进行场景化事件裂变后,基本可以快速裂变目标用户画像的文案主题了。例如,针对孩子购物的文案:"孩子每次出去都想买东西,如果不买就哭闹。家长应该如何处理这种情况呢?"又如,针对孩子做作业的文案:"孩子沉迷游戏,不写作业?来看看专家怎么说。"通过两次裂变后,可以罗列出多个与目标用户相关的主题,然后针对这些主题进行延伸和拓展,便可创作出具体的文案内容。

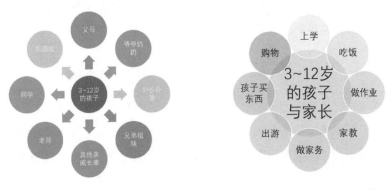

图7-13 以目标用户为中心的九宫格关系裂变　　图7-14 九宫格场景化裂变

另外,在写微电影的文案时,同样是情节跌宕的剧本才能牢牢抓住用户的眼球,让他们有看下去的欲望。所以,剧本的设计一定要富有层次感,剧情走向要在高潮与低谷之间任意转换,故事情节的衔接也要自然。千万不要设计那种直线式的低级剧本,否则用户看到开头就会猜到结尾。

课堂实训——微电影文案赏析

抖音账号"我有个朋友"的某一条爆红视频如图7-15所示。这条视频讲述的是一个医生的故事,已经工作了10个小时的医生回到家又被叫回医院,临时给一个断了手指的女孩做缝合手术,手术做到了凌晨。后来朋友问他:"为什么

图7-15 "我有个朋友"某条视频

做这么久？"他说："你知道吗？那天是一个女孩，所以呢，我想让她结婚戴戒指的时候，能开开心心地把手指伸出来。"

这条不到 1 分钟的视频，获得了 200 多万个点赞，6 万多条评论。那么，这条视频的剧情和文案有何独特之处，能得到众多用户喜欢呢？先来看，这条视频的主人公是医生，主题也是宣扬医生的不易，致敬坚守在岗的医护人员。医生、军人、老师等职业本身就容易引起好感，但为了避免内容空洞，视频并非只喊口号，而是通过实例展现了医生的不易，从而提高了整条视频的内容高度。

另外，文案中提到了"女孩""戴戒指"等关键词，让人不由得联想到了婚礼、戒指等场面，从而代入了煽情的氛围。也正因如此，这条视频成了高点击、高转发的视频。

课堂小结

本章从新媒体文学的定义、特征，以及常见的新媒体文学形式的写作技巧出发，讲解了新媒体文学的小说、诗歌、段子、评论及电影文案等形式的写法。通过对本章的学习，大家可以大致了解新媒体文学的定义、特征，并掌握多种新媒体文学的写作技巧。

课后作业

1. 简述新媒体文学的特征。
2. 观看一部热门影片，并撰写一篇 200 字左右的影评。
3. 以"夏至"这一节气为主题，撰写一条 100 字左右的段子。

第 8 章 新媒体电商文案写作

在新媒体营销中,电商营销占据着很大的比例,如淘宝、京东、拼多多、抖音等,均属于新媒体营销的范畴。在这些平台中进行产品营销,自然离不开各类产品文案的宣传和推广。因此,新媒体写作人员应熟悉新媒体电商文案的作用以及写作技巧,为各类电商文案的写作打下良好基础,为电商企业的营销助力。

本章学习要点

- 了解电商文案的商业价值
- 掌握主图文案的写作技巧
- 掌握详情页文案的写作技巧
- 掌握品牌文案的写作技巧
- 掌握活动文案的写作技巧
- 掌握产品推广软文的写作技巧

8.1 认识电商文案

电商文案作为一种商业文体,主要是基于电子商务行业平台,以文字为元素,以吸引消费者为目的而存在的,本节主要讲述电商产品文案的定义和商业价值。

8.1.1 什么是电商文案?

电商文案是基于电商行业而产生的广告文案形式,主要是为了通过文案内容向消费者传递产品或品牌信息,吸引消费者的注意,激发消费者的购买欲望,从而达到促进产品销售,塑造品牌形象的目的。

随着互联网的发展,消费者已经不再满足于单一的视觉表现形式,因此电商文案通常是以图文结合的形式来传递信息,有些文案中甚至还会添加视频、音频和超链接等元素,以此来丰富文案的内容,使文案更加生动有趣,富有吸引力。

例如,某食品的产品主图中就用简短的文案,突出了产品健康这一卖点,再以产品的局部图作为该广告文案的背景图向消费者进行展示,如图8-1所示。整个主图文案可以快速让消费者对产品建立起非常直观的印象,促使消费者产生购买欲望。

电商文案不仅限于主图文案这一种,还包括标题文案、详情页文案、品牌文案等。这些文案的宗旨都是给消费者留下印象,刺激消费者购买产品。

图8-1 某产品的主图文案

8.1.2 电商文案的商业价值

在电子商务时代,消费者对产品的需求越发的多元化,除了基本的生活需求,还有很多心理需求。电商文案的出现和发展,很好地抓住了消费者的心理需求,用最小的成本和代价引起消费者的情感共鸣,从而达到营销推广的目的。由此可见,电商文案在新时代的商务活动中具有巨大的商业价值。电商文案的商业价值主要体现在3个方面,如图8-2所示。

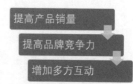

图8-2 电商文案的商业价值

1. 提高产品销量

电商文案的主要作用是让消费者对文案所描述的产品或品牌产生信任,并在这种信任的基础上产生购买产品的欲望。因此，文案创作者为促进产品的销售，需要通过各种方法来取得消费者的信任，如在文案中展示产品信息、第三方评价和各种专业机构的认证证书等。除此之外，文案创作者还应从人文方面对消费者进行关怀，引起消费者情感上的共鸣，取得消费者的认同，从而促使消费者产生购买欲望。

图8-3　某茶叶的详情页文案

例如，某茶叶的详情页文案，通过展示茶园的图片，来证明品牌实力及茶叶品质，加深消费者对产品的信任，进而促进产品的销售，如图 8-3 所示。

2．提高品牌竞争力

不少消费者在选购产品时会不同程度地受到品牌的影响，从而产生不同的购买偏好。因此，很多商家开始重视对品牌的营销，常常通过电商文案生动形象地向消费者展示品牌文化、品牌的形成过程，以及品牌所传递的价值观等，试图通过这种方式来提高品牌的形象，增强消费者对品牌的好感和信任度。经过长期的宣传，即可积累一定的社会公信力，让品牌在市场中具有更强的竞争力。

例如，某美妆品牌的文案引用了消费者的体验，如图 8-4 所示。文案提到"电竞女孩们快看看完美日记王者限定系列"，从而吸引了喜欢电竞的女孩的注意。特别是对电竞、王者十分钟爱的消费者，这样该品牌就实现了提高品牌竞争力的目标。

3．增加多方互动

很多电商文案的传播方向都不是单向的，而是双向的。在传播过程中，商家可以获得消费者的反馈，并根据反馈及时调整营销方向以及修正各种错误。此外，在论坛、微博、微信等平台上传播文案时，消费者与商家之间、消费者与消费者之间还能进行沟通互动、话题讨论，从而产生二次宣传与营销效果。

例如，某数码产品的卖家主动在"问大家"版块回答消费者的问题，如图 8-5 所示。虽然卖家只回答了一个问题，但卖家顺带说明了两款产品的卖点。当其他消费者有类似问题时，也可以查看这条回答，这样卖家就实现了多方互动。

图8-4 某美妆品牌的文案

图8-5 "问大家"版块

电商文案的类型多种多样，不同类型的电商文案，其创作方法和应用场景均会有所不同。常见的电商文案主要有主图文案、详情页文案、活动文案、品牌文案等。下面分别介绍这些常见的电商文案。

8.2 主图文案

在营销过程中，主图及图片里的文案都是吸引消费者购买产品的关键因素。如果商家想让消费者在看到主图的第一眼就被其深深地吸引，进而点击产品了解详情信息，就需要在主图文案的创作上下一番功夫。

8.2.1 优秀主图文案的特点

主图文案是产品最重要的展示方式之一，消费者在搜索产品时最先看到的就是产品的主图。主图文案的作用主要体现为吸引消费者点击并深入阅读详情页。另外，根据统计数据显示，有接近四成的产品销售转化来自产品的主图，说明主图文案对产品转化率的提升也有一定的帮助。

主图文案的设计要有特色，能够充分展示产品的卖点，这样才能吸引消费者注意力，有效提升产品的点击率和转化率。优秀的主图文案往往具备如图 8-6 所示的几大特点。

图8-6 主图文案的特点

1. 目标明确

主图文案的主要作用是吸引消费者，因此在撰写主图文案时，并不是简单地将产品的特点和促销信息罗列到图片中就可以了，而是需要站在消费者的角度考虑，该产品应该在主图中表现什么内容来吸引消费者。

某款保鲜膜套的主图文案如图 8-7 所示。该文案的创作目标是通过促销活动来提高产品的销量，因此主图文案就以相关的促销信息作为主要内容，即"保鲜膜套 1000 个 1 元抢购"。

图8-7 某款保鲜膜套的主图文案

2. 划分需求

不同的产品针对的消费人群往往是不同的，而不同消费人群的消费需求也会有所不同。若将产品的消费群体定位为中低端，那么在设计产品主图时就需要突出产品的性价比；若将产品的消费群体定位为中高端，则需要在主图中展现产品的品质与产品带给消费者的感觉。

例如，某酱汁主要针对健身、减脂者，因此文案创作者通过主图文案告诉消费者，该产品 0 脂轻卡，且有多种口味，可以为消费者提供多种选择，如图 8-8 所示。

图8-8 某酱汁的主图文案

3. 精炼表达

主图的发布有尺寸的限制，尤其是移动端主图，通常尺寸较小，展示的空间非常有限。因此，主图文案要尽量精炼，废话少说、长话短说，通常只为消费者展示最重要的产品或促销信息即可。

例如，某款吹风机的主图文案，除了展示产品外，只呈现了产品的功能信息，简洁精炼，让人一目了然，如图 8-9 所示。

4. 展示属性

消费者在搜索产品时，通常会以产品的属性为关键词进行搜索。因此，主图中应该重点突出产品属性的特点。这样做的好处主要有两点：一是可以吸引消费者的注意力；二是可以使店铺获取更精准的流量，提高产品的转化率。

例如，某款按摩椅的主图文案，展示了该产品的功能属性、价格属性及服务属性，使消费者能够更全面地了解产品的基本信息，如图8-10所示。

图8-9　某款吹风机的主图文案

图8-10　某款按摩椅的主图文案

5．展示差异化

如果主图文案的设计能够做到独具创意、与众不同，就有可能得到平台方的扶持，从而获得更多的流量。展示差异化的方式有很多，如卖点展示、场景展示、模特展示、视觉展示、背景展示及搭配组合等。这几种方式可以单独使用，也可以混合使用，但一定要美观，要能够突出产品的特点。

图8-11　某款雨伞产品的主图文案

例如，大多数雨伞产品的主图都是直接呈现产品的卖点，背景图也相对较为简单，但图8-11所示的主图文案却另辟蹊径，选用户外景观作为主图的背景图，以突出产品品质优良、不怕雨雪，能够应对任何恶劣天气的特点。

8.2.2　主图文案的写作技巧

主图文案既是提高产品点击率的关键，也是消费者了解产品的一个重要窗口。写好主图文案需要掌握一定的方法和技巧。主图文案常见的写作技巧如表8-1所示。

表8-1　主图文案常见的写作技巧

技巧名称	详解	举例
利益诱惑	利益诱惑通常是指直接给予消费者打折或者赠品等好处，以此来引导消费者采取有利于产品销售的行动	在主图文案中呈现限时包邮、全场5折、满100立减20，以及买一赠一、点击就送等优惠信息

续表

技巧名称	详解	举例
数字展示	主图文案可以利用数字直观展示产品的销量或卖点	（1）从众消费心理：1小时卖出300件，月销10000件 （2）用数字展示产品的价格或者折扣，让消费者更清楚自身能够得到的利益 （3）容量体积参数：消费者在选购产品时需要考虑产品本身的体积、重量、码数等参数，可以将这些参数直接展示在主图上，以便于消费者做出购买决策
感情渲染	感情渲染是指在创作主图文案时利用对感情的描写，来抓住消费者的共鸣点，然后吸引消费者购买产品	某款老人鞋产品的主图文案，通过"妈妈笑了"的文案主题呈现了老人收到子女赠送的老人鞋后很开心的情景，很容易触动那些想为妈妈尽一份孝心的消费者，使他们产生购买行为
展示效果	展示效果即在主图文案中向消费者呈现产品的使用效果。文案创作者可以通过向消费者描绘使用产品后的理想蓝图，或以对比方式来展示产品效果	某款打底裤产品的主要卖点是瘦身塑形，购买该产品的消费者的需求也是瘦身塑形，所以该产品的主图文案通过对比的方式为消费者塑造了穿着该产品后的理想效果
名人效应	名人效应就是利用艺人、名人的高人气来进行产品的推广	"××推荐""××同款"等

8.3 详情页文案

产品的详情页是商家向消费者详细展示产品相关信息的地方，也是文案创作的主战场。详情页文案质量的高低，直接决定了消费者是否会对产品感兴趣，是否会选择购买产品。由此可见，详情页文案对于产品销量具有决定性作用。故大家应该认识详情页文案的作用并熟悉详情页文案的写作技巧。

8.3.1 详情页文案的作用

产品详情页文案能够最大限度地展示产品的卖点，使消费者了解产品的各项信息，延长消费者在店铺内停留的时间。同时，产品详情页文案还可以间接地引导消费者做出实际的购买行为，提高店铺的转化率。

1. 展示产品的基本信息

产品详情页中拥有详细的产品信息描述，包括产品的品牌、材质、样式和价格等基本信息。除此之外，产品详情页中还会针对产品的细节、功能、用途以及适宜人群等内容进行相关描述。消费者可以通过这些详细的产品信息描述，有效地了解产品的基本信息。某款血糖仪的详情页的部分文案如图 8-12 所示，该文案详细展现了产品的品牌、发货地、注册证号等信息。

2. 展示产品的卖点

详情页文案中除了展示产品的基本信息以外，还要提炼出产品的核心卖点，以吸引消费者的注意力。在进行详情页文案创作时，文案创作者要将产品主要的功能和特点提炼出来，通过图片、文字、视频等多种形式予以重点展示，以突出产品的优势。

例如，某款血糖仪的详情页文案为消费者呈现了该产品的 9 大核心优势，如图 8-13 所示。

图8-12　某款血糖仪的详情页文案

图8-13　呈现产品核心卖点的详情页文案

3. 取得消费者信任

产品详情页文案在展示产品信息的同时，也在向消费者塑造产品和店铺的形象，能使消费者对产品和店铺拥有一个良好的印象。详情页文案中除了展示产品的信息以外，还设置了很多从消费者角度来考虑问题的内容，如品牌实力、购买须知、买家评价和注意事项等。

例如，某血糖仪的详情页文案中就展示了该品牌的实力，如图8-14所示。这些内容的出现往往能够让消费者感受到商家的实力，从而赢得消费者的信任。

4. 引导消费者购买产品

详情页文案的主要作用在于实现产品的销售转化，因此一篇好的产品详情页文案往往能够使消费者快速在其中找到符合自己需求的内容，进而产生购买欲望和购买行为。

图8-14 展现品牌实力的详情页文案

另外，产品详情页文案中还可以设置其他产品推荐或促销活动等内容，如图 8-15 所示。这些内容也会激发消费者继续浏览的欲望，增加消费者在店铺中停留的时间。但需要注意，产品详情页文案中的促销信息一定要及时、有效，不能放置已经失效的内容或者虚假内容。

8.3.2 详情页文案的写作技巧

商家的产品再好，如果没有一篇好的详情页文案，那么该产品的销量也是很难得到提升的。那么，文案创作者应该如何撰写产品的详情页文案呢？详情页文案的写作技巧又有哪些要点呢？本小节将为大家讲解详情页文案写作的4大技巧，如图 8-16 所示。

图8-15 产品详情页文案中的其他产品推荐

图8-16 详情页文案的写作技巧

1. 虚实结合

创作详情页文案时，对于产品基本信息的描述一定要符合实际情况，确保真实可信，不能肆意夸大或者弄虚作假。但对于产品的背景介绍、消费者反馈等内容的描述，则可以适当进行一些美化和加工，让产品看起来更加有内涵和品质保障。

2. 图文并茂

一篇优秀的详情页文案，既要有必要的文字解说，也要通过精美的图片来吸引消费者的注意。只有图文结合的产品详情页，才能为消费者提供一个良好的视觉体验。当然，文案创作者在创作文案的过程中还需要注意对图片和文字的美化。

3. 详略得当

一篇好的产品详情页文案，能够让消费者在众多的描述中迅速提炼出有用的产品信息。如果产品详情页的描述重复拖沓，没有重点，那么消费者很有可能不会继续深入浏览页面，而是直接退出产品详情页。

4. 场景化

为了使详情页文案内容更生动、更真实，同时也为了加强消费者对信息的感知能力，文案创作者需要为文案内容打造一定的场景。通过某些特定的场景，使消费者产生代入感，从而在内心深处建立起对产品的感知，来激发消费者的购物欲望。

8.4 品牌文案

成功的品牌通常都很擅长通过品牌文案来塑造自己的品牌形象。一篇优秀的品牌文案能够将品牌的历史、内涵、精神等内容一一传递给消费者，从而在潜移默化中影响消费者对品牌或产品的认可度。

8.4.1 品牌文案的作用

品牌文案塑造的是一种更深层次的营销方式，是通过文化氛围来提升品牌和产品的内涵，以达到吸引消费者的目的。在写品牌文案前，我们先来了解一下品牌文案的作用。品牌文案能够很好地树立品牌的公众形象，为产品赋予鲜活的生命力，让消费者感受到一种特殊的价值。品牌文案的作用主要体现在4个方面，如图8-17所示。

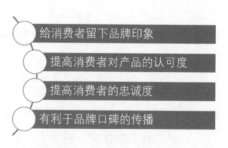

图8-17 品牌文案的作用

1. 给消费者留下品牌印象

对于消费者而言，产品的品牌就是一个简单的符号或者标识，消费者在购买产品时往往只关注产品的使用价值，不会对产品品牌留下太大的印象。创作品牌文案就是为了让消费者了解品牌，记住品牌，进而对品牌产生好感。

例如，某巧克力品牌通过"百年美国 经典口味"的品牌故事文案，让消费者知道了该品牌具有悠久的历史，同时又向消费者说明了该品牌生产的是经典口味的产品，受到全球很多消费者的喜爱，从而加深了消费者对该品牌的印象。

2. 提高消费者对产品的认可度

创作品牌文案不仅能增强消费者对品牌的印象，还能激发消费者对产品或品牌的认同感。当一个能够广泛传播的品牌故事被消费者熟知后，该品牌的产品就会拥有很强的亲和力，从而得到消费者对该品牌产品的认可，最终促使消费者产生购买行为。

例如，很多消费者在吃辛辣火锅时会想到王老吉的文案："怕上火，喝王老吉"，从而会选择购买一瓶王老吉来搭配火锅。

3. 提高消费者的忠诚度

品牌文案中通常都包含了一定的企业文化内涵，通过品牌故事的传播，可以把企业和消费者紧紧地联系在一起，有助于培养消费者对品牌的忠诚度，从而保持品牌在市场中的竞争优势。

4. 有利于品牌口碑的传播

有些品牌故事带有一定的互动性，能够使消费者积极地参与其中。这些带有互动性的品牌故事文案，能够使品牌的形象更生动、渗透性更强，也更容易激发品牌的口碑传播。相比普通的广告传播，品牌故事文案的成本虽然很低，但传播效果却更好。

8.4.2 品牌文案的写作技巧

品牌文案是消费者与品牌之间的"情感"纽带，能够有效地感染到消费者，并激发消费者潜在的购买意识，使消费者愿意一直购买某个品牌的产品。既然品牌文案有诸多作用，那么在写作时应注意哪些技巧呢？可以参考以下几点。

1. 要有强烈的代入感

品牌文案既然是向消费者讲述品牌故事的文案，那么这个故事的构思就要有吸引力，要能充分调动起读者的情绪，使读者产生很强的代入感。为了增强品牌故事的代入感，在创作品牌故事文案时，要多设计一些能够吸引消费者的情节，通过简短的语言为消费者营造一种身临其境的场景。使消费者读完故事之后，会情不自禁地将自己代入角色中，把自己当作故事中的主人公。

2. 以人物为创作主题

创作品牌文案常用的方法就是描述某个人的经历，一般是描述品牌创始人的创业经历。通过讲述人物的故事来体现文案的创作主题，可谓以小见大。如果在品牌文案中描述的是普通人（店主或创业团队）的故事，赋予其情感，就会由于贴近消费者的生活，而更容易激起消费者的情感，更容易获得消费者的青睐。

3. 引起情感共鸣

品牌文案要想引起消费者的注意，触动他们的内心情感，给消费者留下深刻难忘的印象，故事就要有晓之以理、动之以情的情感内容。这些情感内容可能表现为一份执着，一个超乎常人的举动，或者一个微不足道的细节。在创作品牌故事文案时，除了介绍旗下产品的功能之外，还要赋予品牌文化内涵，让品牌有温度、有情怀，用生动、感人的故事情节打动消费者，引起消费者的情感共鸣。

要想让消费者从内心感受到自己购买的不单单是一个产品，还是一份信任、一份情感，品牌故事文案就要走心、引起情感共鸣，从而传递情感，这样才更容易获得消费者的认可。

8.4.3 品牌文案的切入点

任何品牌的诞生都有其独特之处，在写作品牌文案时，文案创作者要仔细挖掘品牌文案的切入点，包括品牌历史、品牌理念等，如表8-2所示。

表8-2　品牌文案的切入点

切入点	切入原因	举例
品牌历史	写品牌文案时，如果面对的是一个新品牌，可以以产品的传承为切入点；如果该产品也是新的，可以以产品的发展为切入点；如果面对的是一个老品牌，可以以品牌的悠久历史为切入点	某款茶饮料产品的品牌故事文案，就是以中国茶叶传播的历史为切入点进行创作的：1610年中国茶叶乘着东印度公司的商船漂洋过海，饮茶之风迅速风靡欧洲大陆，因茶叶来自神秘的东方，故被称为"神奇的东方树叶"

续表

切入点	切入原因	举例
品牌理念	品牌文案不仅要向消费者展示与众不同的品牌个性，还要向消费者传递与众不同的品牌理念。品牌理念向消费者明确地讲述了创造这个品牌的目的是什么，这个品牌具有哪些特质，与同行竞争者相比，这个品牌具有哪些优势	棉麻女装领军品牌——茵曼，在进行品牌故事文案撰写时，就是以"源于自然，回归自然，生生不息"的品牌理念来讲述品牌故事，给消费者留下了深刻印象
创业故事	每一个品牌的创立，其创始人都经历过艰苦奋斗的过程。在创作品牌文案时，可以将创始人的创业经历写入品牌故事中，让消费者了解品牌创始人是怎样通过自己的努力取得如今的成功的	一家专门销售野生蜂蜜的网店，将店主的创业故事作为品牌故事文案"品牌故事——两代人的爱蜜情结"进行了展示。这样的品牌故事文案，使每一位进入店铺的消费者都能第一时间了解到店主那段非常执着和热爱蜂蜜的创业经历，进而对店主本人及其经营的店铺产生好感和信任
当地文化	对于一些地域性较强的品牌，可以以当地的风土人情、文化特征等为切入点进行品牌故事文案的创作。这样的品牌故事不仅会让本地人产生很强的认同和共鸣，而且可以让外地人产生好奇，并认为这个品牌是有文化内涵的	昆明的鲜花十分出名，其鲜花饼也远销海外，某鲜花饼商家就在品牌文案中提及"×××，探寻彩云之南的深山秘境"

在写品牌文案时，除了可以从品牌历史、品牌理念等方面切入外，还可以从品牌名称或者 Logo 切入。一个好的品牌名称或者 Logo，通常都蕴含着一个非常有意义的品牌故事。我国著名的运动品牌李宁的 Logo 如图 8-18 所示。

图8-18 李宁的Logo

李宁的 Logo 具有三层含义。第一层含义表现的是红旗的一角，代表国家荣誉；第二层含义是"LN"的变形，代表李宁这个人物；第三层含义体现了体操运动员李宁高超的体操技巧，像一只松鼠一样平稳地在树枝上穿梭，而且动作敏捷。同理，其他品牌文案也可以就自己的品牌名称或者 Logo 符号展开，为品牌赋予一些特殊含义。

8.5 活动文案

活动是企业或品牌在短期内提高销售额，提高市场占有率的有效行为。在产品营销中，为了提高产品的流量和销量，电商商家纷纷通过各种促销活动来获取更多的优质流量，如大型电商促销活动"双11""双12""618"等，节日促销、新品促销等也是促销活动的常态。然而，活动的开展离不开活动文案的支撑，因此，大家应该熟悉活动文案的作用及写作技巧。

8.5.1 活动文案的作用

活动的本质是结合产品，通过各种手段来提升消费者的数量和质量，并产生一定的经济效益。因此，活动文案创作的本质在于吸引消费者关注，帮助活动顺利开展。活动文案的作用主要体现在4个方面，如图8-19所示。

图8-19 活动文案的作用

1. 吸引消费者关注

活动本身就是一场精心策划的营销型事件，能在较短时间内快速进行病毒式营销并大量吸纳消费者关注。而活动文案，就是把营销型事件说清楚、讲明白，并吸引消费者参与进来。

某店铺针对"618"活动所创作的"618超值福利大放送"活动文案如图8-20所示。该文案通过展示打折、满赠等促销方式来吸引消费者的关注。

2. 提升品牌的知名度

当企业要推出一款新产品时，首先需要提升消费者对品牌的熟悉度。对于一些本身知名度就比较高的品牌，可以采用活动营销的方式来刺激和鼓励消费者进一步认识该品牌中的新产品。这种类型的活动文案通常不需要过多考虑消费者的转化问题，形式上可以直接进行广告输出，但是需要在极短时间内获得大量的曝光，使消费者了解并熟悉这个品牌或产品。

例如，某牛奶品牌的活动文案，利用"618"的活动氛围进行活动营销，推广自己的品牌，提升品牌的知名度，如图8-21所示。

图8-20 "618超值福利大放送"活动文案

图8-21 某牛奶品牌的活动文案

3. 提升消费者的活跃度

活动文案还有一个重要的作用,就是通过宣传促销活动唤醒休眠的老客户,提升其活跃度,从而刺激老客户继续购买产品。很多网店通常会采用新品促销活动、限时促销活动等方式来提升消费者的活跃度。例如,某美妆产品用 0.01 元入会活动,来吸引消费者加入店铺会员,入会后消费者可以每月享受店铺权益,这也是在刺激消费者每月消费,如图 8-22 所示。

4. 激励消费者实现消费

通常情况下,电商商家们参加各种各样的促销活动,就是为了增加网店的流量和销量。所以,电商促销活动文案写作的最终目的就是进行消费变现,激励消费者购买产品,实现经济上的收益。

图8-22 某美妆产品的0.01元入会活动

8.5.2 活动文案的写作技巧

活动文案必须以活动为基础,所以要结合促销活动的内容、方式和要求来进行撰写。同时,为了吸引更多消费者的关注,在撰写活动文案时还应注意以下技巧。

1. 标题使用高频词组合

创作活动文案的主要目的是通过营销活动销售产品。如果文案标题写得太直白，就会使消费者产生反感；如果标题写得太隐晦，往往又达不到预期的促销效果。因此，为了能够更好地与潜在的消费者沟通，并向其高效传递有价值的内容，文案创作者可以在活动文案标题中使用一些常用的高频词汇，以此来吸引消费者关注，提升产品的转化率。

例如，某数码产品活动文案的标题中给出了"正品""全新""买贵必赔""已补1470元"等高频词汇，以此来吸引消费者的关注，促使他们产生购买欲望，如图8-23所示。

2. 文案体现利益点

活动文案仅仅站在产品的角度强调产品的核心功能和优势是远远不够的，还应该从消费者的角度出发，重视消费者的利益，突出消费者购买产品后能够得到的好处。对于消费者而言，他们最关心的往往是，产品优势能为他们带来怎样的价值，能解决哪些实际问题，这些才是影响消费者购买决定的主要因素。

例如，某牛奶品牌在"618"活动期间创作的促销活动文案，结合消费者希望在活动中购买实惠商品的利益点，向消费者传递了"抢199减198券"这一重要的活动信息，如图8-24所示。

图8-23 某数码产品的活动文案

图8-24 某牛奶品牌的促销活动文案

3. 文案的语言风格要多变

不同的消费者群体拥有不同的消费偏好，面对不同的消费者群体，促销活动文案的创作在其内容表达和语言风格上也会有所不同。文案创作者在撰写促销活动文案时，应尽量根据不同消费人群的用语习惯来进行创作，这样才能有效拉近与消费者的距离，突显促销活动的氛围，进而加深消费者对促销活动和促销产品的印象。比如，针对中老年消费者群体，文案创作者应该尽量以通俗易懂的语言，或者以晚辈的口吻来撰写文案；针对年轻时尚的消费者群体，文案创作者可以多使用一些网络用语，或者通过幽默诙谐的语言风格来撰写文案。

如图 8-25 所示的某母婴产品的活动文案，用"悦然心动 挚柔触感"既点明了产品品牌，又说明了产品的触感。并且对于母婴产品而言，消费者更多的是宝妈，因此文案用了暖色调的粉色，整体呈现出了爱意满满的氛围，非常符合这一产品的目标消费者的语言表达风格。

4. 激发消费者购买欲

活动的主要目的在于吸引更多的消费者，并提高产品销量。如果没有消费者参与到活动中，就无法达到预期的营销推广效果。因此，一篇优秀的活动文案要能够激发消费者的活动参与感，使其积极参与到活动中，并产生实际的消费行为。

文案创作者在撰写活动文案时，既要让消费者了解活动的规则和流程，又要通过各种方法去激励消费者参与活动，实现消费。如图 8-26 所示的某数码产品的

图8-25 某母婴产品的活动文案

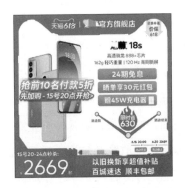

图8-26 某数码产品的活动文案

活动文案，清楚地向消费者介绍了活动的时间、活动的内容，并详细说明了活动项目，以此来刺激消费者参与活动并购买产品。

8.6 产品推广软文

在电商营销的过程中，产品推广软文是一种十分重要的推广方式。它以"春风化雨，润物无声"的营销效果，深受众多电商商家以及消费者的青睐。如今无论是在微博、微信，还是在论坛、贴吧，随处可见软文营销的身影。随着软文营销的商业价值不断被电商商家发掘出来，软文在电商文案中的地位和作用也越来越重要。本节将逐一介绍产品推广软文的商业价值、优点以及写作技巧。

8.6.1 产品推广软文的商业价值

产品推广软文作为当下最受欢迎的营销推广方式之一，有着其他推广方式不具备的营销优势，其商业价值也逐渐突显出来。产品推广软文的商业价值主要体现在 3 个方面，如图 8-27 所示。

图8-27 产品推广软文的商业价值

1. 提升产品或品牌形象

由于软文的传播优势明显，不仅传播速度快，营销成本低，而且用户精准度还很高。因此，很多商家会通过软文方式来宣传和推广自己的产品或品牌。一篇好的软文可以让读者在不知不觉中对软文中描述的内容产生良好的印象，并自觉地在各大网络或社交平台上进行传播，从而可以大大提升产品或品牌的形象。

2. 提高产品流量和销量

一篇高质量的产品推广软文，可以在互联网上快速传播，进而为产品带来惊人的流量和销量。不仅如此，好的产品推广软文还能间接地带动店内相关产品的销售，从而提高整个店铺的销售额。

3. 给消费者留下印象

一篇好的软文通常具有专业性、趣味性、娱乐性，它能为消费者带去良好的阅读体验，使消费者在阅读软文时沉浸其中，完全感受不到广告的存在，但又潜移默化地将营销信息传递给消费者。

8.6.2 产品推广软文的优点

与硬广告相比，软文之所以叫软文，全依赖于一个"软"字。它将文案内容与广告很好地结合，使消费者在不受强制性广告宣传影响的情况下，也能接收到关键的营销信息。一般来说，电商软文主要具有语言网络化、内容多媒体化、传播速度快、分享性较强、接受度较高，以及营销成本低等优点。

1. 语言网络化

在新媒体时代，网络化语言的使用频率很高，在软文中适当地运用一些网络语言，可以增强文案的新潮感和时尚感，有效吸引目标消费者的注意力，尤其是吸引年轻消费者的关注。文案创作者在撰写软文时，要将网络语言与软文内容结合，以诙谐幽默的方式将产品介绍给目标消费者，以此来提高软文的点击率。如当下年轻人常用的网络词汇有"买买买""快上车"等。

2. 内容多媒体化

随着人们生活节奏的加快，仅以图文为主的传统电商推广方式已经不能满足消费者的需求。因此，现在大多数的产品推广软文除了运用图文结合的方式进行推广外，还会在软文中加入音频、视频、动图、动画等元素。这样做不仅可以生动形象地展示产品的功能与使用方法，还能节省消费者的阅读时间，大大提升消费者的购物体验。

3. 传播速度快

在这个网络高度发达的社会，网络传播的速度十分惊人。一篇好的软文能够快速地被转载成千上万次，像病毒一样在整个互联网中快速扩散开来。高质量的产品推广软文不仅可以让品牌账号的粉丝数量在一夜之间增长数倍，还可以让产品销量在短期内获得快速增长。正因如此，越来越多的商家选择以软文这种营销方式来推广自己的产品。

4. 分享性较强

在移动互联网时代，信息的分享传播方式更加便捷和高效。如果消费者看到自己喜欢或有价值的软文，通常会第一时间通过各种社交工具进行分享转发，让更多的人看到软文的内容，实现软文的二次或多次传播。

5. 接受度较高

软文的营销不像硬广告那样直接，软文有很强的隐藏性，它可以使消费者在阅读后几乎感觉不到广告元素的存在，在无意识的情况下触动潜在消费者的消费心理。因此，软文更容易被消费者所接受，其营销效果往往比硬广告更好。

6. 营销成本低

软文不仅推广费用低，而且所能承载的信息量也很大。一篇好的软文往往能被人们在各种平台免费转载，其广告成本就会急剧下降，而且流量的精准度也会比较高。比如，一篇费用在几千元的软文，如果能得到全网自发转载传播，转载上百万次，其营销效果可能与费用在数百万元的硬广告相同。由此可见，软文营销可以为商家节省大量的推广资金，有效降低网店的营销成本。

8.6.3 产品推广软文的写作技巧

产品推广软文的写作和其他文案的写作一样，需要切中消费者的需求，高效地将信息传递给消费者。为了更好地打动消费者，文案创作者需要掌握一些产品推广软文的写作技巧。

1. 抓住消费者的痛点

一篇优秀的产品推广软文要能够及时抓住消费者的痛点并且加以解决，从而满足消费者的需求。痛点要能够直达消费者的内心，获得他们的接受和认同。文案创作者可以从表8-3所示的5个方面入手，以抓住消费者的痛点，撰写出打动人心的软文。

表8-3 消费者的痛点

痛点名称	解释	举例
安全感	每个人都渴望安全感，因为安全感能让人放心、舒心、安心。要想使消费者在软文中获得安全感，撰写软文时就需要将产品的质量与消费者考虑的安全性相结合，以此来增强消费者对产品的信任感	销售一款插座产品，从安全角度来看，消费者最大的担心莫过于插座产品出现漏电的情况。这时文案创作者就可以从产品的角度，列举一些劣质产品的事件作为对比，或者将两孔插座与更安全的三孔插座进行对比，然后重点介绍一下自己的产品在安全性方面所具备的优势，从根本上解决消费者担心的问题，以此来增强消费者对产品的信任感

续表

痛点名称	解释	举例
归属感	归属感其实就是人的标签，就是要针对消费者的具体定位来进行软文写作。要想使消费者在软文中获得归属感，关键是将产品和消费者所推崇的感觉结合起来，从而达到打动消费者的目的	一家销售西装产品的网店在撰写软文时，如果能在软文中加入"职场精英的西装首选""这是一款精致的西装，出自名师之手，更是成功人士的象征"等描述，定能给予消费者充分的归属感，让他们找到与自己身份相符的产品，从而激发他们的购买欲望
价值感	在撰写产品推广软文时，如果能抓住消费者渴望获得价值认可的痛点，将产品与个人价值感结合起来，从消费者的价值体现上去打动他们，那么不仅可以得到消费者认可，还能激发他们购买产品的决心	一家体验中心的推广软文中这样写道："看着孩子一天天快乐长大，是每个家庭最普通的心愿。但是在忙碌的工作和生活的压力下，你是否渐渐忽略了孩子的生日，忘记了他降临的那天你们所获得的幸福。在孩子生日这天，牵着他的手，一家人一起过一个意义非凡的生日，留下一件毕生难忘的事件。当孩子成家了，你们再回忆起来时，该是多么感动，多么幸福啊！"
责任感	每个人在社会中都扮演着不同的角色，而这些角色也赋予了每个人相应的责任。责任是每个人心中的一块石头，也是大多数消费者心中的痛点。因此，电商软文要想打动消费者，不仅要帮助消费者担负起相应的责任，还要帮助消费者减轻相应的压力	一篇推广学习用品的软文中这样写道："让子女拥有充足的学习动力，这是作为家长的责任。"这句话很好地激发了家长的责任感，促使家长心甘情愿地去购买软文中推荐的有助于子女学习的产品
恐惧感	人们总是在担心各种各样的事，这种担心会使人在心理上产生一种恐惧感，从而激发消费者的购买欲望	一款教育产品的软文中这样写道："不要让您的孩子输在起跑线上。"身为家长的消费者看到这句话后，难免会产生一种恐惧感，担心自己的孩子输给其他孩子。为了不让自己担心的事情变为现实，消费者自然会对软文中推荐的能够帮助自己消除恐惧的产品产生购买的欲望

提示　值得注意的是，在抓住消费者恐惧感的同时，所写的文案不仅要抛出问题，更要解决问题，而且要比同类产品更能解决问题。否则，就会成为制造焦虑的文案，很难得到消费者的认可。

2. 定位必须精准

在写产品推广文案时，需要对某一类消费群体进行精准定位，根据这一消费人群的消费行为、阅读习惯、兴趣爱好等有针对性地撰写软文。例如，某种高级食材可能具有营养丰富、味道鲜美、帮助消化、软化血管等功能，在为该食材撰写软文时，文案创作者不一定要对产品的每一种功能都详细介绍一番，而是要根据目标人群来进行精准定位，选择软文的切入点。如果食材定位于儿童市场，就应该以营养丰富、帮助消化等功能为切入点撰写软文；如果定位于老年市场，则应以帮助消化、软化血管等功能为切入点撰写软文。

某搞笑类公众号在某篇软文中，照例发布了几个趣味段子后，写了某款家居服软文，如图 8-28 所示。由于这是一个有着几十万粉丝的公众号，其中不乏喜欢幽默的年轻女性消费者，因此作者在写该产品的推广文案时，用轻松、幽默的方式介绍了这款产品。这样一来，目标消费者在看完趣味段子后，再以幽默的方式了解到这款自己正好也有需求的产品，会更容易接受产品信息。

图8-28　某款家居服软文

3. 语言通俗易懂

一篇好的软文一定要便于消费者阅读和理解，这就要求软文在语言表达上要做到通俗易懂、接地气。软文的受众是普通的消费者，在撰写电商软文时，文案创作者要尽量长话短说，避免使用过于华丽的辞藻或者过于深奥的语句，最好使用消费者熟悉的、生活化的语句来撰写软文。

如图 8-29 所示的某小红书博主发布的关于五黑燕麦粥的软文，整篇软文语言通俗易懂，详细介绍了奶香五黑燕麦粥的做法。通俗到消费者看完图文内容，按照步骤能自己制作一份同样的美食。虽然整篇软文没有华丽的辞藻，但是也详细介绍了某款五黑燕麦的卖点，如高膳食纤维、不添加蔗糖、配料表干净、有

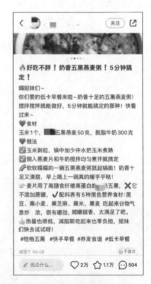

图8-29　关于五黑燕麦的软文

嚼劲等。

在写产品推广软文时，一定要遵循真实原则，不能为了文章阅读量或产品曝光量而为产品增加一些不存在的卖点，这样不仅无法成功推广产品，还有可能带来负面影响。

课堂实训——品牌文案赏析

电商企业要想在市场中杀出重围，就必须让消费者感受到产品的温度和态度。而品牌文案，就是实现这一目标的极佳方式。下面来赏析3个知名品牌的品牌文案。

1. 野兽派：靠故事营销脱颖而出

要说会写故事的品牌，必须要有"野兽派"花店的一席之地。相比传统的花店，野兽派花店的价格要贵出好几倍，但仍然受到消费者的热捧。因为它们卖的不仅仅是花，还有故事和体验。

在2011年，野兽派花店还只是微博上的一家线上花店，没有产品目录和价格表。消费者要想买花，需要把自己的情感故事告诉老板娘，老板娘根据故事来搭配鲜花，做成独一无二的花束。野兽派再通过匿名的方式把客户的情感故事和鲜花发到微博上，这样的内容总是能引发大众的共鸣。渐渐地野兽派越来越有名气，甚至连艺人都是这家的常客。

野兽派较为知名的故事应该是"莫奈花园"，其作品和文案如图8-30所示。整个文案简洁明了，用通俗易懂的语言说明，这个作品背后的故事是有个客户想订花送给一位很重要的女士，希望表现出莫奈名作《睡莲》的意境。老板娘几经周折，来到收藏《睡莲》系列的日本地中美术馆寻找灵感，最后完成了"莫奈花园"鲜花盒，如今该作品也被捧为野兽派的镇店之作。

图8-30　"莫奈花园"的文案

可以说，自成一派的"故事订花"模式成就了野兽派，野兽派也逐渐成为了一家顶级花店。事实也证明了，消费者更愿意看到的，永远是真诚的故事。

2. 依云：用故事来定位品质

好的品牌故事是消费者和品牌之间最好的"桥梁"，不仅能占领消费者的心神，也是支撑品牌溢价效应的一大利器。

例如，被称为矿泉水中的"奢侈品"的依云矿泉水，售价高于市面上其他矿泉水数倍。同样是矿泉水，为什么会受到那么多人追捧呢？

原因在于依云一直在向消费者输出"贵族""高端"的品牌形象，消费者俨然感觉自己喝水是在享受天然和纯净。例如，依云的某篇品牌文案从水源地、水净化时间、水源点灌装、水质量检测等方面出发，说明了产品品质好，如图8-31所示。

依云之所以能塑造高端品质，还在于它的品牌故事写得好。依云的背后有着一个非常传奇的故事："1789年夏，法国大革命期间，一位法国贵族患上了肾结石，当时流行用矿泉水治病。有一天他路过一个小镇时，喝了当地一名绅士花园中的泉水，一段时间之后发现自己的病奇迹般的痊愈了。这件奇闻迅速传开，该小镇的泉水也出了名，大量的人涌入小镇想体验"神水"。于是这位绅士决定将自家花园里的泉水用篱笆围起来，并开始出售矿泉水。就连拿破仑三世及其皇后对该小镇的矿泉水也情有独钟，1864年正式将该小镇赐名为依云镇，依云水也由此闻名于世（依云的名字"Evian"来源于拉丁文，本意就是水）。达能集团从依云水的故事和阿尔卑斯山的积雪上获得了灵感，提取了"天然、健康、纯净"的品牌理念，推出了这款"贵族"矿泉水。

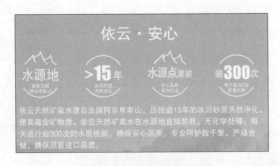

图8-31 依云品牌文案

如今对消费者来说，喝依云已经成为一种生活方式。他们也许并不在乎喝到的依云是否真正源自阿尔卑斯山，他们买的是依云品牌200年的传奇，喝下去的是其背后的传奇故事。

3. 褚橙：用创始人故事吸引消费者

褚橙，是冰糖橙（甜橙）的一种，云南著名特产，以味甜皮薄著称。褚橙是由昔日"烟草大王"——红塔集团原董事长——褚时健一手创立的品牌。结合褚时健不同寻常的人生经历，褚橙又被称为"励志橙"。褚橙的品牌故事中讲述了其创始人褚时健与橙子的故事，其部分品牌文案如图 8-32 所示。

图8-32 褚橙部分品牌文案

褚橙的创始人褚时健一生大起大落，2002 年褚时健向朋友筹集 1000 万元，与妻子承包下了 2400 亩荒山开始种橙。花了整整 10 年时间，他培育出了符合中国人口味的冰糖橙，踏上了销售之路。74 岁再创业，从"烟草大王"到"橙王"的转变，这样的故事打动了无数消费者，褚橙也成为最畅销的水果品牌之一。甚至有消费者这样说："我买橙子并不是想吃橙子，买的是褚老的信念和精神。"这就是品牌故事的力量。

以上三个案例，就是通过在品牌文案中讲故事的方式来打动消费者的，并且给消费者留下了深刻印象。一个优秀的品牌，是能让消费者不需要任何专业知识，就能感受到其产品背后的态度和温度。

课堂小结

本章详细介绍了电商文案的商业价值及各类电商文案的写作技巧，旨在帮助新媒体写作人员认识各类电商文案的重要作用，并结合自己的实际情况写电商文案。通过对本章的学习，大家能基本掌握主图文案、详情页文案、品牌文案、活动文案以及产品推广软文等电商文案的写作方法和技巧。

课后作业

1. 为某天然矿泉水产品撰写一篇 800 字左右的产品推广软文。
2. 为某款保温杯产品创作一篇主图文案，要求文案中至少包含 3 个产品卖点。
3. 选择一篇经典的品牌推广文案，分析该文案的特点。

第 9 章 新媒体内容编辑

在新媒体领域，信息的传递形式不仅有文字，还有图片和视频，多种形式可以相互融合，共同为用户提供用户所需要的信息。要想迅速地吸引用户，不仅要有精彩的文案，同样也要有精彩的图文排版、图片和视频。因此，图文排版、图片编辑、视频编辑也是新媒体写作人员的必修课。本章将详细阐述新媒体图片排版基础的技巧和方法，以及图片编辑、音频编辑、视频编辑等常用的软件。

本章学习要点

- 了解新媒体图文排版的原则、图文关系的处理以及常用的图文排版工具
- 掌握新媒体图片编辑工具及使用规范
- 掌握新媒体音频编辑工具及使用方法
- 掌握新媒体视频编辑工具及使用方法

9.1 新媒体图文排版基础

精美的图文排版可以美化页面，使用户更轻松、愉悦地浏览页面，在提升消费者阅读体验的同时，也可以延长其阅读的时间，提高页面的点击率。排版要为内容服务，如果排版处理得不好，冗长的文字会给用户带来信息获取压力。特别是对新媒体运营而言，排版至关重要，本节将详细讲解新媒体图文排版的原则、图文关系的处理，以及新媒体图文排版工具。

9.1.1 新媒体图文排版的原则

"没有人有义务透过你邋遢的外表去发现你优秀的内在"，在新媒体写作中也是如此。如果图文的设计非常糟糕，那么内容再好也不会获得太多的关注。懂一些基本的图文设计原则并加以合理运用，可以增强文章的可读性和美观度，吸引更多的人阅读。美国著名设计师罗宾·威廉姆斯在其著作《写给大家看的设计书》中总结了设计的4个基本原则——亲密性、对比、重复和对齐，如图9-1所示，这4个原则同样适用于新媒体图文排版。

图9-1 图文排版原则

1. 亲密性

亲密性是指彼此相关的内容应该相互靠近，归组在一起，成为一个视觉单元，而非多个孤立元素。亲密性有助于组织信息，避免内容混乱，从而呈现出清晰的结构。例如，标题和正文是各自独立的两大块，正文各段落间的亲密度要高于正文与标题之间的亲密度。因此，标题与正文之间要有明显的区隔，如空行、插入头图或分隔符（引导关注）等。

2. 对比

对比的基本思想就是要避免页面上的元素太过相似。如果元素（如字体、颜色、大小、线宽、形状、空间等）不相同，就干脆让它们截然不同。对比能够让信息更准确地传达，能让内容更容易地被找到、被记住。如果想让对比效果更明显，就一定要大胆，不要让两种颜色看起来好像差不多却又不一样。当然，也不要在同一个页面使用太多种字体、颜色等。

3. 重复

重复是指在页面设计中，一些基础元素可以重复使用，包括颜色、形状、材质、空间关系、线宽、字体、图片，以及一些几何元素等。这样一来，可以增强画面的条理性和整体性。

4. 对齐

在页面设计上，每一个元素都应该与页面上的另一个元素存在某种视觉联系，这样才能建立清晰的结构。常见的对齐方式有左对齐、右对齐、居中对齐等，其中居中对齐比较少用，也不建议大家用。在进行版面设计时，一定要设定某个联系，设定对齐线才行。

9.1.2 新媒体图文关系的处理

在新媒体的图文营销中，好的图文关系相辅相成，能呈现更好的视觉效果，带给用户更好的阅读体验；而糟糕的图文关系会让用户失去阅读欲望，从而跳失。如何衡量图文关系是否合理呢？可以参考图9-2所示的3点。

图9-2 合理的图文关系

1. 打造极致的阅读体验

精美的排版可以使文章条理清晰，使用户享受到愉快的视觉感受和审美体验。合理运用排版技巧，可以让文章段落结构层次分明，呈现出很强的逻辑性，让用户快速找到重点，从而更好地理解内容。

2. 塑造品牌形象

不管是个人品牌还是企业品牌，在新媒体平台上推送文章其实也是在输出品牌形象。除了文章内容以外，排版样式也体现着品牌的理念。排版的视觉效果影响着用户对品牌的认识，因此，新媒体创作者最好固定使用某种有特色的排版风格和方式，逐渐巩固自己的品牌优势。

3. 加强用户的心理暗示

俗话说"人靠衣装马靠鞍"，精美的排版就像文章的"衣服"。如果排版不美观、混乱，就会给用户造成一种不靠谱的感觉，让其在视觉上感到不舒服，自然就会心生厌恶，很容易导致其取消关注。优秀的新媒体品牌文案，不仅内容质量过硬，精美的排版也会给用户带来正面的心理暗示，使用户在心理上为新媒体品牌加分。

9.1.3 常用的新媒体图文排版工具

在营销推广过程中，难免需要用到图文推广这种方式，自然也需要对图文内容进行排版编辑，使图文更具美观性及可读性。以微信公众号的图文排版为例，常见的排版工具包括构思编辑器、秀米编辑器等，如表9-1所示。

表9-1 常见的微信公众号图文排版工具

工具名称	工具简介
构思编辑器	一款融合精美素材、图文排版、模板定制、版权图库搜索及图片编辑为一体的简单、好用的编辑器
秀米编辑器	秀米编辑器是一款功能强大，容易上手的微信公众号编辑软件。这款工具适合排版初学者使用。新媒体运营者可根据不同用途、不同行业、不同节假日等元素找到适合自己的排版风格，并一键套用
易点编辑器	专为微信小编量身定做的一款微信公众号内容排版"神器"，以简洁的界面、精美的素材、强大的功能持续为几十万微信小编提供服务
135编辑器	135编辑器最大的亮点在于提供了丰富的样式库，可以插入排版、秒刷排版、一键排版，支持样式操作、换色与传递、文档导入、生成长图文、微信同步和定时群发等操作
i排版编辑器	i排版编辑器是排版工具中的后起之秀，风格偏清新文艺，编辑界面比较干净，容易上手，支持多种富文本格式。i排版团队经常推出使用教程，是一个强烈推荐的工具
微信在线编辑器	是一款专业、功能强大的微信公众平台在线编辑排版工具，提供了手机预览功能
365编辑器	是一款排版功能十分强大的在线微信编辑应用，这款应用还为用户提供了在线收藏、临时图库等功能
微信排版助手	提供了美化微信图文消息的功能，有非常多的漂亮的样式。用户可直接将文字插入编辑区域，然后修改文字，轻松编辑出非常美观的微信图文消息

上述几种工具适合各种类型的公众号排版，除此之外，市场上还有很多排版工具，新媒体运营者可尝试多种编辑器，从而找到较为适合自己的工具。

9.2 新媒体图片编辑

一名合格的新媒体写作人员，不仅要产出优质的内容，还要制作精美的图片。一篇文章如果没有适当的图片加以辅助，那么用户就有可能失去阅读的兴趣。本节将主要阐述新媒体图片的使用规范和处理方式。

9.2.1 新媒体图片的使用规范

在新媒体文案中，精彩的配图不仅能够起到美化文章的作用，还能帮助用户更好地理解文章的内容，有助于新媒体账号形成品牌风格，打造品牌形象。掌握以下新媒体图片的使用规范，可以最大限度地发挥图片的用途。

1. 保证图片的清晰度

为文案添加配图，不仅是为了美化文案版式，更重要的是为了增强文案的吸引力。所以，一定要选择清晰度较高的图片，避免使用带有马赛克、水印的图片，这样才能更好地吸引用户阅读文案，给用户带来良好的阅读体验。

2. 图文相符

文案中的配图一定要有其存在的意义，也就是说，图片一定要与文字内容有关联。若图片与文字内容毫无关联，则很容易让用户在阅读时产生误解，产生不好的阅读体验。此外，图片是为文案内容服务的，能够通过文字表达清楚的内容就没有必要再为其搭配过多的图片了，否则可能会让用户产生阅读上的负担。

3. 注意图片数量

一篇文案中使用的图片既不能太少，也不能太多。因为配图太少，可能无法充分发挥图片的作用；而配图太多，则容易出现页面过长、加载速度减慢等现象，会给移动端用户造成页面总是滑不到底的错觉，容易导致跳出率增加。一般来说，一篇文案配3~5幅图为宜，这样既能达到美化文案的目的，又不会因页面过长而导致用户视觉疲劳。

4. 注意图片尺寸和色调

在同一篇文案或同一个版面中，图片的尺寸和色调要统一。要尽量使用同一系列或同一色系的图片，或者内在有一定关系的图片，这样可以使文案显得更有格调。

5. 适当美化图片

为了让图片更具特色和吸引力，可以对图片进行适当的编辑和美化。目前使用得较多的图片编辑工具有Photoshop、美图秀秀、光影魔术手等。Photoshop的功能强大，也很专业，需要使用者具备一定的操作基础；而美图秀秀和光影魔术手操作起来比较容易，比较适合零基础的用户使用。下面以美图秀秀为例，讲解一些处理图片的方法。

9.2.2 使用美图秀秀处理图片

美图秀秀是一款面向大众的多功能型图片处理软件,它可以帮助用户通过美图、拼图、边框和饰品等美化手段轻松地制作出专业级水准的图片。美图秀秀有网页版和手机版,下面以美图秀秀手机版为例,介绍运用美图秀秀处理图片的几种常用方法。

1. 图片基础编辑

下面我们使用美图秀秀对图片进行基础编辑,如图片色彩调整、图片尺寸调整及智能优化图片等。

(1)图片色彩调整。

打开美图秀秀手机版,进入"热门素材"后在上方的工具栏中点按"图片美化"按钮,从相册中提取图片。"美图配方"内有多个模板可供选择,点按喜欢的模板,然后点按"保存"按钮(见图9-3),就可以将其保存到手机或者分享到网络。

(2)图片尺寸调整。

按照同样的方法从相册中提取图片,点按"编辑"按钮,会弹出"裁剪""旋转""矫正"等按钮。此处点按"裁剪"按钮,拖动裁剪框,设置要保留的图片区域,然后点按"确定"按钮,除此之外,还可以自定义裁剪框的宽度和高度比,或者在"自由"选项中自定义裁剪范围。图片处理完成后,依次点按"确定"和"保存"按钮,可以将图片保存到手机或者分享到网络,图片尺寸调整的页面如图9-4所示。

图9-3 图片色彩调整效果

图9-4 图片尺寸调整的页面

(3)智能优化图片。

使用同样的方法从相册中提取图片,在工具栏中点按"智能优化"按钮,选择所需的图片效果,然后点按"确定"和"保存"按钮,将图片保存到手机或者分享到网络,智能优化后的图片如图9-5所示。

2. 修饰图片

下面将介绍如何使用美图秀秀对图片进行修饰。例如,在图片上添加文字、添加贴纸、添加边框,以及使用魔幻笔绘制绚丽的图形等。

(1)添加文字。

利用美图秀秀从相册中提取图片后,点按菜单中的"文字"按钮,会出现"素材""样式""字体"等按钮,图片中会弹出一个文本框。比如在文本框中输入文字"聚会",然后设置字体格式和字体样式,拖动文字调整其位置,完成后点按"确定"和"保存"按钮,添加文字页面如图9-6所示。

图9-5 智能优化后的图片

(2)添加贴纸。

利用美图秀秀从相册中提取图片后,点按菜单中的"贴纸"按钮,然后选择贴纸的类别和图案,并调整大小和位置,完成后点按"确定"和"保存"按钮,添加贴纸页面如图9-7所示。

图9-6 添加文字页面

图9-7 添加贴纸页面

（3）添加边框。

运用美图秀秀从相册中提取图片后，点按菜单中的"边框"按钮，随后会弹出"简单""海报""通用""氛围"等多个按钮，根据需求选择边框类别，然后点按"确定"和"保存"按钮，添加边框页面如图9-8所示。

（4）图片涂鸦。

运用美图秀秀从相册中提取图片后，点按菜单中的"涂鸦笔"按钮，然后选择所需的"画笔"或"图案"，在图片上涂抹即可绘制图像，完成后点按"确定"和"保存"按钮，图片涂鸦效果如图9-9所示。

3. 背景虚化

使用美图秀秀中的"背景虚化"工具可以对图片中的背景进行虚化处理，如人像后面繁杂的背景、照片上的杂物等，营造一种朦胧感。美图秀秀从相册中提取图片后，点按菜单中的"背景虚化"按钮，选择效果模式，套用即可（如"经典""动感"等），背景虚化效果如图9-10所示。

图9-8　添加边框页面　　图9-9　图片涂鸦效果　　图9-10　背景虚化效果

美图秀秀还有很多图片编辑功能，如添加马赛克、拼图等，新媒体运营者可下载尝试使用多种功能来美化图片。

9.2.3　使用工具设计新媒体图片

现在网上有很多在线平面设计工具（如微信小程序、网页工具和APP），提供图片素材和设计模板，用户只需通过简单的操作就可以设计出海报、PPT、名片和邀请函等。常见的在线平面设计工具有创客贴、Fotor 懒设计、稿定设计、图怪兽和凡科快图等。

以创客贴为例,用户可以直接套用多个图片模板。打开创客贴微信小程序并登录账户,在主页列表中选择"新媒体"分类,在弹出的分类中点击"横版视频封面"选项,里面有"明星应援""旅游 vlog""探店 vlog"等多个模板,如图 9-11 所示。用户可以根据需求选择自己所需的模板。

新媒体写作人员可结合产品实际情况套用图片模板,对于部分需要修改的文字、特效等内容,也可以直接在创客贴微信小程序中完成。

图9-11 横版视频封面

9.3 新媒体音频编辑

在拍摄、制作视频时,需要恰到好处的音乐来营造更好的视频氛围。所以对于新媒体写作人员而言,除了要掌握一些视频编辑工具外,还需要掌握一些音频编辑工具。

9.3.1 新媒体音频的常见格式

音频格式共分为 3 大类:未压缩音频格式、有损压缩音频格式和无损压缩音频格式。下面将为大家介绍这 3 大类中比较常见的 10 种音频文件格式。

1. 未压缩音频格式

未压缩的音频由真实的声波组成,这些声波已被捕获并被转换为数字格式,无须进一步处理。因此,未压缩的音频文件往往是最准确的,但会占用大量磁盘空间。

常见的未压缩音频格式主要有 3 种:PCM、WAV 和 AIFF。

(1)音频文件格式:PCM。

PCM 代表脉冲编码调制,是原始模拟音频信号的数字表示。模拟声音以波形形式存在。要将波形转换为数字位,必须以特定间隔(或脉冲)对声音进行采样和记录。这种数字音频格式的保真度和质量由两个属性来决定:一个是"采样率"(制作样本的频率);另一个是"位深度"(使用多少位来表示每个样本)。这两个属性可以表示数字录音对原始模拟信号的精确采集和还原程度。PCM 是 CD 和 DVD 中最常用的音频格式。

（2）音频文件格式：WAV。

WAV 代表波形音频文件格式，是在 PC 机上很常见、最经典的一种多媒体音频文件。WAV 文件格式由微软公司和 IBM 联合设计，最早于 1991 年 8 月出现在 Windows 3.1 操作系统上。目前，WAV 文件格式可用于 Windows、Macintosh、Linux 等多种操作系统中。

很多人认为所有的 WAV 文件都是未压缩的音频文件，但事实并非如此。WAV 是用于不同音频格式的 Windows 容器，这意味着 WAV 文件可能包含压缩音频。但是，大多数 WAV 文件都是包含 PCM 格式的未压缩音频，所以，WAV 文件只是 PCM 编码的包装器，更适合在 Windows 系统上使用。

（3）音频文件格式：AIFF。

AIFF 代表音频交换文件格式。与微软公司和 IBM 为 Windows 开发 WAV 的方式类似，AIFF 是 Apple 于 1988 年为 Macintosh 系统开发的一种音频文件格式。与 WAV 文件类似，AIFF 文件可以包含多种音频格式。大多数 AIFF 文件都是包含 PCM 格式的未压缩音频，所以，AIFF 文件也是 PCM 编码的包装器，更适合在 Macintosh 系统上使用。但是，在 Windows 系统上也可以顺利打开 AIFF 文件。

2. 有损压缩音频格式

有损压缩是指压缩过程中会丢失一些数据。压缩很重要，因为未压缩的音频会占用大量磁盘空间。换句话说，有损压缩意味着为了较小的文件大小而牺牲音质和音频保真度。如果做得不好，就会在音频中听到伪音和其他奇怪的声音。但是有损压缩做得好时，普通人就听不到区别了。常见的有损压缩音频格式有 MP3、AAC、OGG 和 WMA（有损）等。

（1）音频文件格式：MP3。

MP3 代表 MPEG-1 Audio Layer 3。它于 1993 年发布并迅速流行，最终成为世界上最流行的音乐文件音频格式之一。我们有"MP3 播放器"而不是"OGG 播放器"是有原因的！

MP3 的主要目标有以下 3 个。

· 删除所有存在于正常人听力范围之外的声音数据。

· 降低不容易听到的声音的质量。

· 尽可能有效地压缩所有其他音频数据。

世界上几乎所有具有音频播放功能的数字设备，都可以读取和播放 MP3 文件，无论是 PC、Mac、Android、iPhone、智能电视还是其他任何设备。当我们需要通用时，MP3 永远不会让我们失望，这就是为什么它是世界上最受欢迎的音频文件格式之一。

（2）音频文件格式：AAC。

AAC 代表高级音频编码，它于 1997 年作为 MP3 的继任者而被开发，是一种专为声音数据设计的文件压缩格式。由于 AAC 采用了全新的算法进行编码，相较于 MP3，AAC 的音质更佳、文件更小。

尽管 MP3 是更普遍的音频文件格式，但今天 AAC 仍然被广泛使用，YouTube、Android、iOS、iTunes、PlayStation，以及任天堂便携式电脑都将 AAC 作为标准的音频压缩方法。

（3）音频文件格式：OGG。

OGG 全称为 OGG Vorbis，是一种新的音频压缩格式，类似于 MP3 等现有的音频格式。实际上，OGG 是一个多媒体容器，可以保存各种压缩格式，但最常用于保存 Vorbis 文件，因此这些音频文件被称为 OGG Vorbis 文件。

OGG Vorbis 文件的优点是可以用更小的文件获得优越的声音质量，并且它是完全免费、开放和没有专利限制的音频文件格式，同时还支持多声道播放。虽然，目前 OGG 还无法取代 MP3 和 AAC 成为主流的音频文件格式，但随着时间的推移它会变得越来越好。

（4）音频文件格式：WMA（有损）。

WMA 代表 Windows 媒体音频。它于 1999 年首次被发布，此后经历了多次演变，同时保持相同的 WMA 名称和扩展名。它是由 Microsoft 创建的专有格式。与 AAC 和 OGG 不同，WMA 旨在解决 MP3 压缩方法中的一些缺陷。事实证明，WMA 的压缩方法与 AAC 和 OGG 非常相似。所以就客观压缩质量而言，WMA 实际上是比 MP3 更好的音频文件类型。

但由于 WMA 是专有的，因此支持它的设备和平台并不多。与 AAC 或 OGG 相比，它也没有提供任何真正的好处，因此当 MP3 不够好时，人们会选择使用 AAC 或 OGG，而不是 WMA。

3. 无损压缩音频格式

与有损压缩相反的是无损压缩，这是一种仅缩小音频文件的压缩方法，不会丢失源音频文件的任何数据。缺点是无损压缩音频文件比有损压缩音频文件大，对于相同的源文件，前者比后者要大 2~5 倍。

常见的无损压缩音频格式有 FLAC、ALAC 和 WMA（无损）。

（1）音频文件格式：FLAC。

FLAC 代表免费无损音频编解码器，自 2001 年推出以来，它已迅速成为最受欢迎的无损格式之一。FLAC 可以将原始源文件压缩多达 60%，且不会丢失任何数据。更好的是，FLAC 是一种开源且免版税的音频文件格式，因此它没有施加任何知识产权限制。

大多数程序和设备都支持 FLAC，并且它是 MP3 音乐的主要替代品。有了它，用户就可以一半的文件大小获得完整质量的原始未压缩音频。这就是许多人将 FLAC 视为最佳音频格式的原因。

（2）音频文件格式：ALAC。

ALAC 代表 Apple 无损音频编解码器。它于 2004 年作为专有格式被开发并推出，但最终在 2011 年成为开源和免版税的音频文件格式。ALAC 有时被称为 Apple Lossless。虽然 ALAC 很好，但在压缩方面它的效率略低于 FLAC。Apple 用户实际上并没有在两者之间做出选择，因为 iTunes 和 iOS 都提供对 ALAC 的原生支持，而根本不支持 FLAC。

（3）音频文件格式：WMA（无损）。

WMA 代表 Windows 媒体音频。与 FLAC 和 ALAC 相比，WMA Lossless 在压缩效率方面是最差的，虽然差不了多少。WMA Lossless 的最大问题是硬件支持有限。如果想在多个设备和平台上播放无损压缩音频，建议使用 FLAC。

9.3.2 常用的音频编辑工具

为了呈现更好的音频效果，我们需要借用一些音频编辑工具对音频进行加工、处理。常用的音频编辑工具如表 9-2 所示。

表9-2 常用的音频编辑工具

工具名称	工具简介
REAPER (音乐制作软件)	REAPER是一款专业化程度极高的音乐制作软件，拥有多轨录音、音频混缩、MIDI编辑与母带处理等多项出色的功能，支持市面上所有主流音频格式的导入，其简洁的界面受到广大网友的喜爱

续表

工具名称	工具简介
Adobe Audition	Adobe Audition是一款极其专业的音频编辑工具，在市面上十分出名。功能十分强大，可以帮助用户高效地处理自己需要的音频，是后期制作人员、音频专业人员必不可少的一款优秀软件
Audacity	Audacity是一款多平台的音频编辑工具，支持市面上所有音频格式文件的编辑，拥有众多强大的功能。该软件操作简单，小白也能轻松上手。同时软件纯净绿色，没有病毒木马存在，用户可以放心使用
风云音频处理大师	风云音频处理大师是一款简单高效的音频处理工具。使用该软件，用户可以快速对音频进行提取、裁剪、分享和管理，它的操作简便到就算用户是第一次使用也不会有太大问题，上手难度极低，用户使用体验感很好
WavePad	WavePad是一款实用的音频编辑工具，可以对用户的语音或者录音进行编辑操作。众多强大实用的功能注定此款软件必受欢迎，软件资源占用率低，不会过多地占用用户的磁盘空间，且运行流畅

9.4 新媒体视频编辑

视频是一种影音结合体，能够给人带来更为直观的感受，具有感染力强、形式多样、创意新颖、互动性强和传播速度快等优势。在新媒体平台上，以视听结合的视频形式进行信息传播，更容易让人接受。本节将介绍如何对新媒体平台上的视频文件进行编辑。

拍摄好视频后，我们还需要对视频进行剪辑，如删除或增添片段、添加音乐、添加字幕、添加特效等。故新媒体写作人员需要掌握一些视频编辑工具，如剪映、爱剪辑、Adobe Premiere Pro等。

9.4.1 手机端视频编辑工具

手机端视频编辑工具种类繁多，下面就为大家介绍几款常见的手机端视频编辑工具，如表9-3所示。

表9-3 常用的手机端视频编辑工具

工具名称	主要功能
剪映APP	剪映是由抖音官方推出的一款视频编辑工具，带有全面的剪辑功能，支持变速，有多种滤镜和美颜效果，以及丰富的曲库资源。截至目前，剪映支持在手机移动端、Pad端、Mac电脑、Windows电脑等全终端使用

续表

工具名称	主要功能
快影APP	快影是北京快手科技有限公司研发的一款集视频拍摄、后期制作于一身的视频工具。该工具拥有强大的视频制作功能、特效功能，还有海量音乐、音效供用户选择，让用户在手机上也能轻松完成创意视频的制作
小影APP	小影满足了用户视频拍摄更长、视频编辑更长和视频更炫酷的需求，且因为其拍摄风格多样、内容新潮、有创意、视频特效众多，迅速获得了一大批用户的追捧。小影APP有着即拍即停的特色，配上各种美轮美奂的实时滤镜，让画面更具美感
视频剪辑大师	视频剪辑大师拥有海量的短视频特效素材、海量高音质背景音乐素材和海量搞笑表情，且经常更新内容，力求用户使用的特效不过时。视频剪辑大师操作方式很简单，功能强大，即使是一个新手也能在短时间内掌握它的用法，从而将普普通通的短视频变成独具一格的作品

这里以手机端剪映 APP 为例进行介绍。剪映 APP 号称"抖音官方剪辑神器"，不仅支持视频剪辑、添加音频、添加贴纸和添加滤镜等功能，还支持无水印保存视频以及直接将视频分享至抖音等操作。为方便用户熟悉、使用剪映，抖音官方还推出了剪映 APP 的音频实操课程，讲述了如何加字幕、加音乐、加特效和转场等。

进入剪映 APP 首页，我们可以看到剪映支持拍摄、录屏、创作脚本等功能，如图 9-12 所示。

新媒体写作人员可直接用剪映 APP 拍摄视频，也可以用此 APP 剪辑视频、添加字幕、添加音乐等。创作好视频后，可一键将其分享至抖音平台，十分便捷。

图9-12　剪映APP首页

9.4.2　电脑端视频剪辑软件

虽然手机上的后期制作 APP 操作步骤简单，但对于对短视频要求比较高的创作者来说，还不能满足自身要求。此时便可以选择爱剪辑、Adobe Premiere Pro 软件来编辑视频。

1. 爱剪辑

爱剪辑是由爱剪辑团队研发的一款根据国人使用习惯、功能需求与审美特点设计的视频后期制作软件，具有颠覆性和首创性等特点。爱剪辑的工作界面简单，在首页即可看到菜单栏、信息面板、添加面板和预览面板等，使用起来十分简单，如图 9-13 所示。

爱剪辑的功能十分强大，不仅提供了超强的好莱坞文字特效、各种视频风格的滤镜、转场特效、缤纷相框、叠加贴图功能、去水印功能，还支持多种视频、音频格式。爱剪辑操作方式简单、易上手，视频处理速度快、稳定性高，非常适合短视频后期制作。

图9-13　爱剪辑首页

2. Adobe Premiere Pro

Adobe Premiere Pro（简称"Pr"）是由 Adobe 公司开发的一款专业剪辑软件，一般用于广告与电视节目制作。其操作页面比一般的手机视频剪辑软件复杂许多，但可以完成更多专业的视频调整操作。因此，"Pr"是视频编辑爱好者和专业人士必不可少的视频编辑工具。

Adobe Premiere Pro 有着专业性强、操作简便等优点，可对声音、图像、视频、文件等多种素材进行加工处理。Adobe Premiere Pro 2021 的操作界面如图9-14所示。

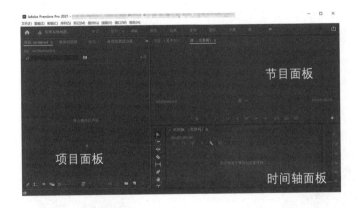

图9-14　Adobe Premiere Pro 2021的操作界面

课堂实训1——使用剪映APP编辑新媒体视频

作为抖音官方推出的剪辑软件,剪映和很多软件相比,第一大优点就是没有开屏广告。下面我们以剪映APP为例介绍如何编辑新媒体视频,如添加音乐和添加字幕等。

1. 添加音乐

第1步:打开剪映APP,点按"开始创作"按钮,如图9-15所示。

第2步:在弹出的视频页面中勾选一段或多段视频,然后点按"添加"按钮,如图9-16所示。

图9-15 点按"开始创作"按钮

图9-16 点按"添加"按钮

第3步:进入视频编辑界面,点按"音频"按钮,如图9-17所示。

第4步:在弹出的"音频"功能菜单中点按"音乐"按钮,如图9-18所示。

图9-17 点按"音频"按钮

图9-18 点按"音乐"按钮

第 5 步：系统自动跳转到"添加音乐"页面。选择合适的背景音乐，并点按该音乐进行试听，确定使用该音乐后，点按"使用"按钮，如图 9-19 所示。

第 6 步：跳回视频编辑页面，即可看到刚才添加的音乐，如图 9-20 所示。

图9-19　点按"使用"按钮　　　　图9-20　成功添加音乐的视频

在导入音乐后，用户还可以对音乐素材进行更详细的设置，如调整音量、淡化、分割、踩点等。

2. 添加字幕

在短视频中添加字幕，既便于观看者理解视频内容，观看者的观感度也会提高。给短视频添加字幕的方法主要包括手动输入和系统识别两种。这里以手动添加字幕为例进行讲解。

第 1 步：在剪映 APP 中打开一段视频，在工作界面的信息列表区域点按"文本"按钮，如图 9-21 所示。

第 2 步：在弹出的"文本"功能菜单中点按"新建文本"按钮，如图 9-22 所示。

图9-21 点按"文本"按钮

图9-22 点按"新建文本"按钮

第3步：在弹出的文本框中，输入字幕，然后点按"√"按钮即可生成字幕，如图9-23所示。同时，新媒体写作人员还可以根据视频的画面设置文字的样式、花字、气泡、动画等效果。

第4步：到这一步，已经为视频添加好了音频和字幕，可以点按右上角"导出"按钮保存视频了，如图9-24所示。

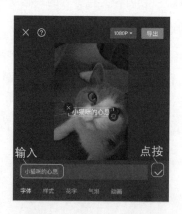
图9-23 点按"√"按钮

图9-24 点按"导出"按钮

第 5 步：系统自动跳转至导出视频页面，如图 9-25 所示。

当导出的进度条为"100%"时，说明视频已被保存到相册和草稿中，用户可以直接点按"抖音"或"西瓜视频"去发布视频，如图 9-26 所示。

当然，视频剪辑不仅限于添加音乐和添加字幕等内容，用户还可以根据自身需求对视频进行更多美化，如添加特效和添加滤镜等。对于拍摄视频、剪辑视频而言，这些操作步骤都不难，难的是剪辑思路。大家平时在观看其他视频时，可以关注一下视频所用拍摄手法及剪辑技巧，并选择适合自己的技巧进行应用。

图9-25　导出视频页面

图9-26　导出成功页面

课堂实训 2——使用爱剪辑编辑短视频

爱剪辑是一款功能齐全、上手快的迷你型视频编辑软件，非常实用。下面将介绍如何使用爱剪辑来编辑短视频，其操作方法如下。

1. 导入素材

第 1 步：启动爱剪辑，新建一个空白文件，在"新建"对话框中设置相应的参数，如图 9-27 所示。

第 2 步：在主界面顶部选择"视频"选项卡，在视频列表下方点按"添加视频"按钮，在弹出的"请选择视频"对话框中选择需要打开的视频文件，然后点按"打开"按钮，如图 9-28 所示。

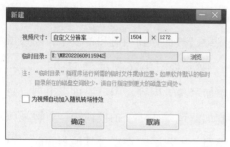

图9-27 设置参数

图9-28 选择视频文件

第3步：在弹出的"预览/截取"对话框中设置视频的截取范围，然后点按"确定"按钮，如图9-29所示。添加视频素材后的效果如图9-30所示。

图9-29 设置截取范围

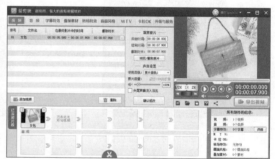

图9-30 添加视频素材后的效果

2．编辑音频

第1步：添加视频后，在"音频"选项卡中点按"添加音频"按钮，在弹出的下拉列表中根据需要选择"添加音效"选项或是"添加背景音乐"选项。（这里选择"添加背景音乐"选项），如图9-31所示。

第2步：选择"添加背景音乐"选项后，在弹出的"请选择一个背景音乐"对话框中选择要添加的音频文件，然后在弹出的"预览/截取"对话框中试听音频片段，如图9-32所示，在"此音频将被默认插入到"选项框中选择插入的位置，然后点按"确定"按钮。

图9-31 选择"添加背景音乐"选项

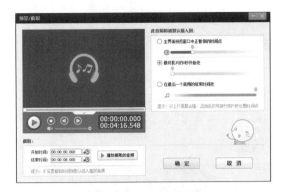

图9-32 试听背景音乐

第3步:在"音频"选项卡的音频列表中选择要编辑的音频文件,在音频列表右侧的"音频在最终影片的开始时间""裁剪原音频"参数栏中设置相应的参数,完成后点按"确认修改"按钮,如图9-33所示。

第4步:如果要删除某个音频文件,则在"音频"选项卡的音频列表中选择要删除的音频文件,然后点按音频列表右下角的"删除"按钮即可,如图9-34所示。

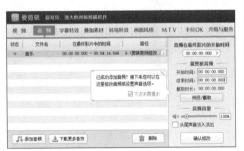

图9-33 设置音频范围

图9-34 删除音乐

3. 编辑字幕

第1步:在主界面中选择"字幕特效"选项卡,然后在视频预览面板的时间进度条上点击,即可定位要添加字幕的时间点,如图9-35所示。

第2步:双击视频预览框,在弹出的"编辑文本"对话框中输入文本内容,然后点按"确定"按钮,如图9-36所示。如果要为字幕配上音效,则可以点按"顺便配上音效"下方的"浏览"按钮,添加相应的音乐文件即可。

图9-35 定位添加字幕的时间点

图9-36 输入文本

第3步：在视频预览面板中选择要添加特效的字幕，在"字幕特效"选项卡中选择某一种特效即可应用。如果要取消某种字幕特效，则取消选择该特效即可，如图9-37所示。

图9-37 应用字幕特效

第4步：设置字幕的字体、颜色、阴影等样式效果。在视频预览面板的"字体设置"面板中，可对字幕的字体、大小、排列方式、颜色、阴影、描边和透明度等进行设置，如图9-38所示。

图9-38 设置字幕效果

第5步：在视频预览面板的"特效参数"面板中，可对字幕的特效时长进行设置，该设置决定了字幕特效的速度，"特效时长"越短，速度越快，"特效时长"越长，速度越慢。同时，该设置还决定了字幕的持续时长，如图9-39所示。

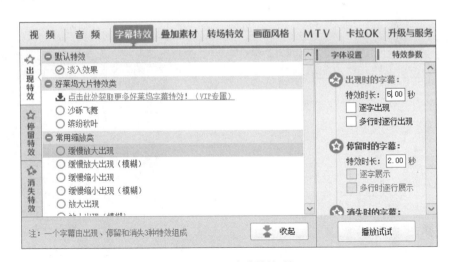

图9-39 设置字幕特效时长

第6步：如果想删除字幕特效，就在右下角的"所有字幕特效"列表中选择该特效，然后点按右上角的垃圾桶按钮即可，如图9-40所示。

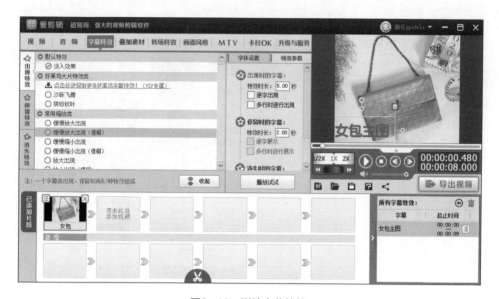

图9-40 删除字幕特效

4. 添加转场特效

第1步：添加一个"帽子"视频片段，然后选择"转场特效"选项卡。在软件底部的添加面板中选择该视频片段，在转场特效列表中选择需要应用的转场特效。在"转场设置"中设置"转场特效时长"的参数，完成后点按"应用/修改"按钮，如图9-41所示。

图9-41 应用转场特效

第 2 步：如果要修改转场特效，就在添加面板中选择应用了要修改的转场特效的视频片段，在界面顶部选择"转场特效"选项卡。在转场特效列表中会看到被应用的转场特效前已经被打勾。如果需要应用其他转场特效，则直接双击其他转场特效即可。然后在"转场设置"中修改参数，完成后点按"应用/修改"按钮即可，如图 9-42 所示。

图9-42　修改转场特效

第 3 步：如果要删除转场特效，就在添加面板中选择应用了要删除的转场特效的视频片段，在界面顶部选择"转场特效"选项卡。在转场特效列表中会看到已被应用的转场特效前已经被打勾，在"转场设置"中点击"删除转场"按钮即可，如图 9-43 所示。

图9-43　删除转场特效

5. 调节播放速度

第1步：导入视频后，在添加面板中双击要调节速度的视频，然后在弹出的"预览/截取"对话框下方选择"魔术功能"选项卡，在"对视频施加"下拉列表中选择"慢动作效果"选项，并设置"减速速率"的参数，如图9-44所示。数值越大，调节后的视频播放速度越慢。

第2步：若需加快视频播放速度，则在"对视频施加"下拉列表中选择"快进效果"选项，然后设置"加速速率"参数，如图9-45所示。数值越大，调节后的视频播放速度越快。

图9-44 调节视频慢速度

图9-45 调节视频快速度

课堂实训3——使用Adobe Premiere Pro编辑电商短视频

随着短视频的迅猛发展，各大电商平台争先使用短视频来推广自己的产品。下面以 Adobe Premiere Pro 为例介绍如何编辑电商短视频，具体操作步骤如下。

1. 导入素材

第1步：新建一个名称为"电商短视频"的项目文件，在项目面板的空白处单击鼠标右键，然后在弹出的快捷菜单中选择"新建项目"→"序列"命令，如图9-46所示。

第2步：在弹出的"新建序列"对话框"序列预设"选项卡下的"可用预设"

列表框中选择"宽屏48kHz"选项，在"序列名称"文本框中输入"总合成"，如图9-47所示。

图9-46 选择"序列"命令

图9-47 "新建序列"对话框

第3步：切换至"设置"选项卡，在"编辑模式"下拉列表中选择"自定义"选项，然后修改"帧大小"参数为"750"，"水平"参数为"1000"，完成后单击"确定"按钮，如图9-48所示。

第4步：完成序列文件的新建操作后，在项目面板中即可显示新建序列，如图9-49所示。

图9-48 设置帧大小

图9-49 新建序列

第 5 步：在项目面板的空白处双击鼠标左键，弹出"导入"对话框。在对应的文件夹中选择需要导入的图像素材，然后单击"打开"按钮，如图 9-50 所示。

第 6 步：将选择的图像文件添加至项目面板中，如图 9-51 所示。

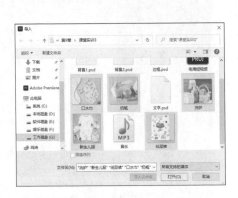

图9-50　选择图像素材

图9-51　导入图像素材

第 7 步：在项目面板的空白处双击鼠标左键，弹出"导入"对话框。在对应的文件夹中选择需要的"背景1"psd 格式的图像素材，然后单击"打开"按钮，如图 9-52 所示。

第 8 步：弹出"导入分层文件：背景1"对话框，在"导入为"下拉列表中选择"合并所有图层"选项，然后单击"确定"按钮（见图 9-53）。即可将选择的 psd 格式的文件添加至项目面板中，如图 9-54 所示。

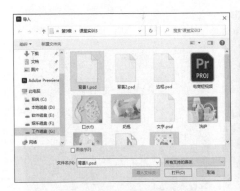

图9-52　选择psd文件

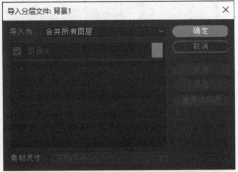

图9-53　设置分层文件

第 9 步：使用同样的方法，将其他 psd 格式的图像添加至项目面板中，如图 9-55 所示。

图9-54 导入psd文件　　　　　图9-55 导入其他psd文件

2. 制作视频背景

第1步：在项目面板中选择"背景2"图像文件，按住鼠标左键将其拖曳至时间轴面板的"视频1"轨道上，然后调整其持续时长为"15秒"，如图9-56所示。

第2步：选择"背景2"图像文件，在"效果控件"面板的"运动"选项区中修改"缩放"参数为"25.0"，添加一组关键帧，如图9-57所示。

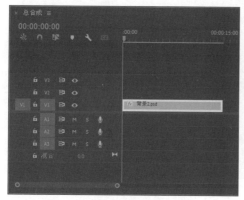

图9-56 添加图像　　　　　　图9-57 修改参数值

第3步：将时间线移至"00:00:14:10"的位置，在"效果控件"面板的"运动"选项区中修改"缩放"参数为"28.0"，添加一组关键帧，如图9-58所示。

第4步：在项目面板中选择"背景2"图像文件，按住鼠标左键将其拖曳至时间轴面板的"视频2"轨道上，然后调整其持续时长为"15秒"，如图9-59所示。

图9-58 修改参数值

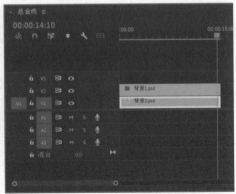

图9-59 添加图像

第 5 步：选择"背景 1"图像文件，在"效果控件"面板的"运动"选项区中修改"位置"参数为"375.0"和"446.0"，取消勾选"等比缩放"复选框，修改"缩放高度"参数为"14.0"，"缩放宽度"参数为"23.0"，如图 9-60 所示。

第 6 步：完成图像大小的调整，在节目监视器面板中预览调整后的图像效果，如图 9-61 所示。

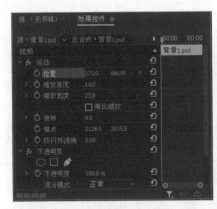

图9-60 修改参数值

图9-61 预览效果

第 7 步：执行"文件"→"新建"→"彩色遮罩"命令，在项目面板中新建一个"白色遮罩"图像，然后按住鼠标左键将其拖曳至时间轴面板的"视频 3"轨道上，并调整其持续时长为"15 秒"，如图 9-62 所示。

第 8 步：选择"白色遮罩"图像，在"效果控件"面板的"运动"选项区中修改"位置"参数为"373.0"和"1008.0"，取消勾选"等比缩放"复选框，修改"缩放高度"参数为"25.0","缩放宽度"参数为"101.0",如图 9-63 所示。

图9-62 添加遮罩图形

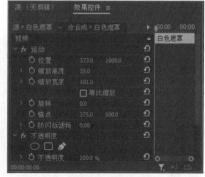

图9-63 修改参数值2

第 9 步:完成图像大小的调整,在节目监视器面板中预览调整后的图像效果,如图 9-64 所示。

第 10 步:执行"文件"→"新建"→"项目"命令,弹出"新建序列"对话框,在"可用预设"列表框中选择"标准 48kHz"选项,然后在"序列名称"文本框中输入"商品展示 1",如图 9-65 所示。

图9-64 预览效果

图9-65 "新建序列"对话框

第 11 步:切换至"设置"选项卡,在"编辑模式"下拉列表中选择"自定义"选项,然后修改"帧大小"参数为"720","水平"参数为"576",完成后单击"确定"按钮,如图 9-66 所示。

第12步：完成"商品展示1"序列的新建操作后，项目面板中即可显示该序列，如图9-67所示。

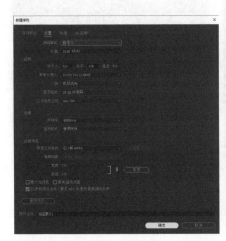

图9-66　设置帧大小

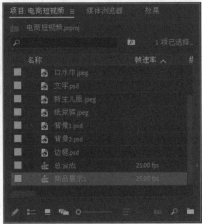

图9-67　新建序列

第13步：双击新建的序列文件，打开"商品展示1"序列的时间轴面板，然后在项目面板中选择"新生儿服"图像文件，将其添加至"视频1"轨道上，并设置持续时长为"5秒"，如图9-68所示。

第14步：选择"新生儿服"图像，将时间线移至"00:00:00:00"的位置，然后在"效果控件"面板的"运动"选项区中，修改"缩放"参数为"95.0"，添加一组关键帧，如图9-69所示。

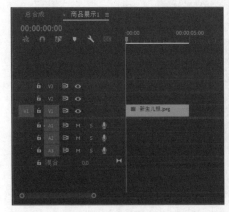

图9-68　添加图像素材

图9-69　修改参数值

第15步：将时间线移至"00:00:01:02"的位置，然后在"效果控件"面板的"运动"选项区中修改"缩放"参数为"88.0"，添加一组关键帧，如图9-70所示。

第16步：将时间线移至"00:00:02:09"的位置，然后在"效果控件"面板的"运动"选项区中修改"缩放"参数为"79.0"，添加一组关键帧，如图9-71所示。

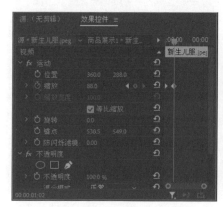

图9-70　修改参数值

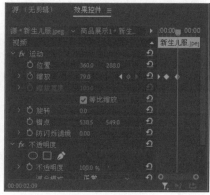

图9-71　修改参数值

第17步：将时间线移至"00:00:04:07"的位置，然后在"效果控件"面板的"运动"选项区中修改"缩放"参数为"74.0"，添加一组关键帧，如图9-72所示。

第18步：在项目面板中选择"边框"图像文件，并将其添加至"视频2"轨道上，并设置持续时长为"5秒"，如图9-73所示。

图9-72　修改参数值

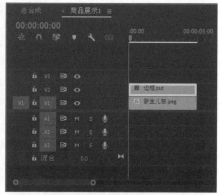

图9-73　添加图像素材

第19步：选择"边框"图像素材，然后在"效果控件"面板的"运动"选项区中修改各参数值，添加一组关键帧，如图9-74所示。

第20步：将时间线移至"00:00:00:07"的位置，然后在"效果控件"面板的"运动"选项区中修改"旋转"参数为"0.5°"，添加一组关键帧，如图9-75所示。

图9-74 修改参数值

图9-75 修改参数值

第21步：将时间线移至"00:00:00:15"的位置，然后在"效果控件"面板的"运动"选项区中修改"旋转"参数为"-0.5°"，添加一组关键帧，如图9-76所示。

第22步：在"效果控件"面板中选择关键帧，单击鼠标右键，在弹出的快捷菜单选择"复制"命令，复制关键帧，然后将时间线依次移至其他位置，多次粘贴关键帧，如图9-77所示。

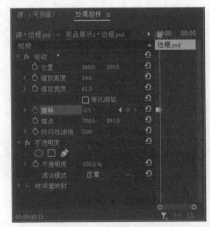

图9-76 修改参数值

图9-77 复制粘贴关键帧

第23步：在节目监视器面板中预览关键帧动画效果，如图9-78所示。

第24步：在项目面板中选择"商品展示1"序列文件，执行"编辑"→"复制"命令，复制序列文件，然后多次执行"编辑"→"粘贴"命令，粘贴序列文件，并更改粘贴后的序列文件的名称，如图9-79所示。

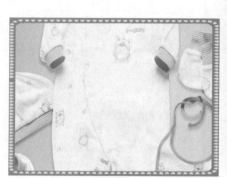

图9-78 预览动画效果

图9-79 复制粘贴序列文件

第25步：在项目面板中选择"商品展示2"序列文件，双击鼠标左键，打开"商品展示2"序列文件的时间轴面板。然后在项目面板中选择"口水巾"图像文件，将其添加至"视频1"轨道上，并删除原有的图像文件，如图9-80所示。

第26步：选择"口水巾"图像文件，然后在"效果控件"面板的"运动"选项区中依次修改"位置"和"缩放"的参数值，添加多组关键帧，如图9-81所示。

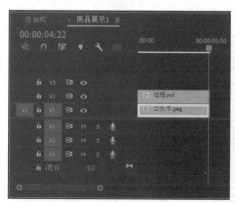

图9-80 更改图像素材

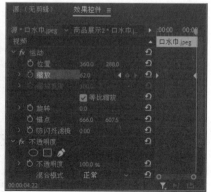

图9-81 添加多组关键帧

第27步：在项目面板中选择"商品展示3"序列文件，双击鼠标左键，打开"商品展示3"序列文件的时间轴面板。在项目面板中选择"奶瓶"图像文件，将其添加至"视频1"轨道上，并删除原有的图像文件，如图9-82所示。

第28步：选择"奶瓶"图像文件，然后在"效果控件"面板的"运动"选项区中依次修改"位置"和"缩放"的参数值，添加多组关键帧，如图9-83所示。

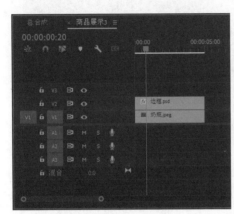
图9-82　更改图像素材

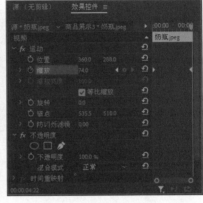
图9-83　添加多组关键帧

第29步：在项目面板中选择"商品展示4"序列文件，双击鼠标左键，打开"商品展示4"序列文件的时间轴面板。然后在项目面板中选择"纸尿裤"图像文件，将其添加至"视频1"轨道上，并删除原有的图像文件，如图9-84所示。

第30步：选择"纸尿裤"图像文件，然后在"效果控件"面板的"运动"选项区中依次修改"位置"和"缩放"的参数值，添加多组关键帧，如图9-85所示。

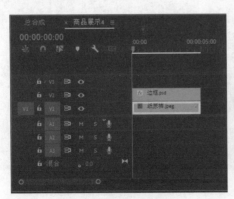
图9-84　更改图像素材

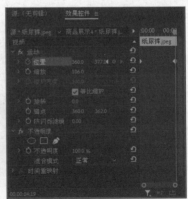
图9-85　添加多组关键帧

第31步:在项目面板中选择"商品展示5"序列文件,双击鼠标左键,打开"商品展示5"序列文件的时间轴面板。然后在项目面板中选择"洗护"图像文件,将其添加至"视频1"轨道上,并删除原有的图像文件,如图9-86所示。

第32步:选择"洗护"图像文件,然后在"效果控件"面板的"运动"选项区中依次修改"位置"和"缩放"的参数值,添加多组关键帧,如图9-87所示。

图9-86 更改图像素材　　　　　图9-87 添加多组关键帧

第33步:在项目面板中选择"商品展示1"序列文件,按住鼠标左键将其拖曳,至"总合成"面板的"视频4"轨道上,然后修改其持续时长为3秒,并在分离该序列文件中的视频和音频后删除音频文件,如图9-88所示。

第34步:选择"商品展示1"序列文件,然后在"效果控件"面板的"运动"选项区中修改"位置"参数为"-297.5"和"423.0","缩放"参数为"120.0",添加一组关键帧,如图9-89所示。

图9-88 添加序列文件　　　　　图9-89 修改参数值

第35步：将时间线移至"00:00:00:07"的位置，然后在"效果控件"面板的"运动"选项区中修改"位置"参数为"-118.5"和"423.0"，添加一组关键帧，如图9-90所示。

第36步：将时间线移至"00:00:00:17"的位置，然后在"效果控件"面板的"运动"选项区中修改"位置"参数为"211.5"和"423.0"，添加一组关键帧，如图9-91所示。

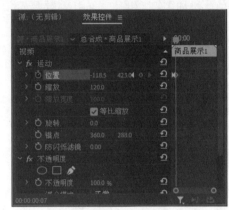
图9-90　修改参数值

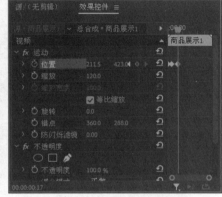
图9-91　修改参数值

第37步：将时间线移至"00:00:01:05"的位置，然后在"效果控件"面板的"运动"选项区中修改"位置"参数为"370.5"和"423.0"，添加一组关键帧，如图9-92所示。

第38步：将时间线移至"00:00:02:15"的位置，然后在"效果控件"面板的"不透明度"选项区中修改"不透明度"参数为"100.0%"，添加一组关键帧，如图9-93所示。

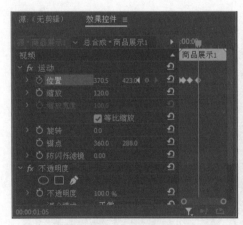
图9-92　修改参数值

图9-93　修改参数值

第39步：将时间线移至"00:00:02:23"的位置，然后在"效果控件"面板的"不透明度"选项区中修改"不透明度"参数为"0.0%"，添加一组关键帧，如图9-94所示。

第40步：在项目面板中依次选择"商品展示2～商品展示5"序列文件，然后按住鼠标左键将它们拖曳至"总合成"面板的"视频4"轨道上，修改其持续时长为"3秒"，并在分离序列文件中的视频和音频后删除音频文件，如图9-95所示。

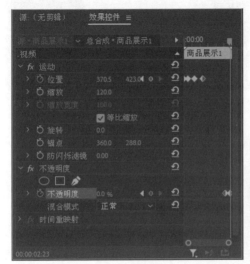
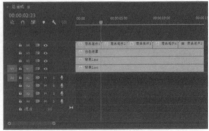

图9-94　修改参数值　　　　　　　　图9-95　添加多个序列文件

第41步：在时间轴面板中选择"商品展示1"序列文件，执行"编辑"→"复制"命令，复制视频属性，然后依次选择"商品展示2～商品展示5"序列文件后执行"编辑"→"粘贴属性"命令，弹出"粘贴属性"对话框，在"视频属性"选项区中勾选"运动""不透明度""时间重映射"复选框，完成后单击"确定"按钮，完成视频属性的粘贴操作，如图9-96所示。

3. 制作视频字幕

第1步：将时间线移至"00:00:00:00"的位置，单击工具箱中的"文字工具"按钮，然后在节目监视器面板上单击鼠标左键，输入文本"母婴会馆"，如图9-97所示。

图9-96 "粘贴属性"对话框　　　　　图9-97 输入文本

第2步:选择输入的文本,在"效果控件"面板的"文本"选项区中修改字体格式为"方正粗宋简体",修改"字体大小"为"101",如图9-98所示。

第3步:在"外观"选项区中单击"填充"左侧的颜色块,然后在弹出的"拾色器"对话框中修改RGB参数分别为"223""48""109",完成后单击"确定"按钮,如图9-99所示,修改字体的填充颜色。

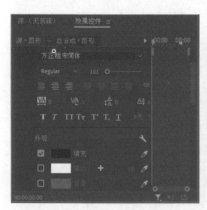

图9-98 修改字体格式和大小　　　　图9-99 "拾色器"对话框

第4步:在"外观"选项区中勾选"描边"复选框,并修改其颜色的RGB参数均为"242",修改"描边"参数为"18.0",如图9-100所示。

第5步：完成文本格式的修改操作后，将文本移动至合适的位置，如图9-101所示。

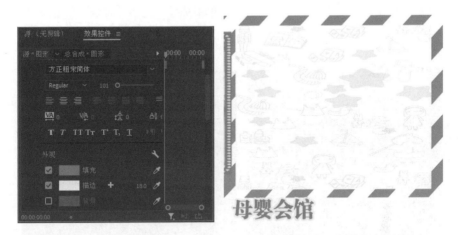

图9-100　修改描边效果　　　　　图9-101　调整文本的位置

第6步：时间轴面板中将自动显示字幕图形，调整其持续时长为"15秒"，如图9-102所示。

第7步：选择新添加的字幕文件，将时间线移至"00:00:00:00"的位置，然后在"效果控件"面板的"运动"选项区中修改"旋转"参数为"1.0°"，添加一组关键帧，如图9-103所示。

图9-102　添加字幕图形　　　　　图9-103　修改参数值

第8步：将时间线移至"00:00:00:13"的位置，然后在"效果控件"面板的"运动"选项区中修改"旋转"参数为"-1.0°",添加一组关键帧,如图9-104所示。

第9步:将时间线移至"00:00:00:17"的位置,然后在"效果控件"面板中选择关键帧。单击鼠标右键,在弹出的快捷菜单中选择"复制"命令,复制关键帧,再依次在其他位置多次粘贴关键帧,如图9-105所示。

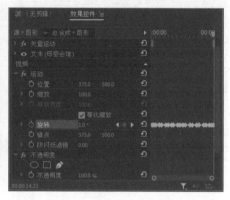

图9-104 修改参数值　　　　图9-105 复制多组关键帧

第10步:在项目面板中选择"文字"图像文件,按住鼠标左键将其拖曳至时间轴面板的"视频6"轨道上,并调整其持续时长为"15秒",如图9-106所示。

第11步:选择"文字"图像文件,然后在"效果控件"面板的"运动"选项区中修改"位置"参数为"553.0"和"940.0",修改"缩放"参数为"10.0",如图9-107所示。

图9-106 添加图像文件　　　　图9-107 修改参数值

第12步:继续选择"文字"图像文件,然后在"效果控件"面板的"运动"选项区中修改"旋转"参数为"1.0°",添加多组关键帧,如图9-108所示。

第13步：在节目监视器面板中预览修改后的"文字"图像的大小和位置效果，如图9-109所示。

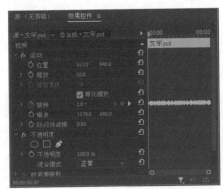

图9-108　添加多组关键帧　　　　图9-109　预览图像效果

4. 添加音频

在项目面板中导入音乐素材，然后选择音乐素材，按住鼠标左键将其拖曳至时间轴面板的"音频1"轨道上，并修改其持续时长。至此，本案例制作完成，如图9-110所示。

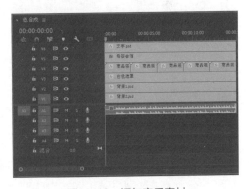

图9-110　添加音乐素材

课堂小结

本章详细介绍了新媒体内容编辑的必备工具，包括图文排版工具、图片编辑工具、音频编辑工具及视频编辑工具等。通过对本章的学习，大家可以了解图片编辑、音频编辑和视频编辑等常用的软件，掌握图片编辑、音频编辑和视频编辑的技巧。

课后作业

1. 任意选择一张图片，使用美图秀秀工具为该图片添加文本和贴纸。
2. 用剪映APP剪辑一段3分钟的视频，并为这段视频添加合适的音乐和字幕。

第10章 新媒体平台规划与写作要领

新媒体平台不同于传统意义上的媒体平台,它是一种在互联网时代产生的新兴的信息传递平台,包括视频平台、社交平台、自媒体平台等。本章主要介绍当下新媒体主流平台、新媒体平台文案的特征,同时,还会为大家详细讲解不同新媒体平台文案的写作要领。

本章学习要点

- 熟悉新媒体主流平台
- 熟悉新媒体平台文案的特征
- 掌握新媒体平台文案的写作要领

10.1 新媒体主流平台

部分人对新媒体平台的划分有误解,认为微信、抖音就是新媒体平台了。其实不然,新媒体平台多不胜数,且还在持续新增中。在新媒体文案写作过程中,新媒体文案写作人员需要了解各个新媒体平台的形式和特点等内容,然后根据产品的特征,选择合适的新媒体平台进行文案写作。

10.1.1 知乎

知乎,是一个中文互联网高质量的问答社区和创作者聚集的原创内容平台。知乎发布的 2021 年第二季度财报显示,知乎平均月活用户数为 9430 万人,同比增长了 46.2%。随着"知识大爆炸"时代的到来,越来越多的人倾向通过互联网来获取高质量的知识,因而知乎等"知识分享"类营销 APP 越来越受用户喜欢。

另外,知乎还拥有平台的优质性。知乎在所有新媒体平台中有着信任度高、流量优质、搜索精准等优势,所以综合考虑,知乎适合作为新媒体运营者的引流平台。知乎作为分享知识的问答社区,已经成为不少新媒体运营者获取流量的"战场"。知乎平台主要有 3 个特点,如图 10-1 所示。

图10-1 知乎平台的特点

知乎平台的用户以年轻人和中年人为主,消费能力与消费频次比较高。而且这一人群容易被权威引导或被某个话题下的高热度回答所影响,去购买暂时不需要的商品。所以对于新媒体运营者而言,知乎拥有很大的市场潜力。

从内容角度来看,知乎作为一个分享知识的问答社区,内容载体以回答的文章为主。虽然也有视频,但数量较少。每个话题下的回答,都拥有庞大的信息量。每刷新一次，就会出现很多话题。这些话题有热门话题，也有少量冷门话题。

回答的文章内容的浮现与知乎循环机制有关，循环周期大致分为1周、3周和2个月。浮现周期长短与内容的层级高低有关，高层级的浮现频率高。简单来说，就是用户的回答质量和互动频率越高，循环次数越多。

10.1.2 今日头条

今日头条是北京字节跳动科技有限公司开发的一款基于数据挖掘的推荐引擎产品，为用户推荐信息、提供连接人与信息的服务的产品。易观千帆的数据显示，今日头条APP 2021年2月的月活用户数为30131.45万人，并且这个数字还在增长。今日头条运用"千人千面"推荐技术，通过内容来匹配粉丝推荐，根据不同人群的兴趣推荐不同的内容。这样的推荐机制，能够把新媒体运营者的内容推荐给精准的目标人群，实现精准化营销。

对于新媒体运营者而言，除了微信、微博等营销渠道外，还可以抓住新闻客户端来做推广。新闻客户端APP营销的优势如图10-2所示。

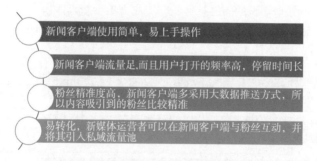

图10-2 新闻客户端APP营销的优势

在众多的新闻客户端中，建议新媒体运营者使用今日头条做营销。头条号上目前有图文引流、视频引流、直播引流、悟空问答引流和评论引流5种引流方式。

10.1.3 微博

微博是基于用户关系的社交媒体平台，用户可以以文字、图片和视频等多媒体形式，实现信息的即时分享、传播互动。微博发布的2021年第一季度业绩报告显示，微博2021年第一季度日活用户数已达到2.3亿人。由于用户数量大，微博也成为广大自媒体和企业使用得较多的营销平台。微博具有传播速度快、传播范围广的优势，这也使微博营销具有独特的优势。但不可否认的是，随着注册微博的自媒体和企业的日益增多，微博营销之间的竞争也在加剧。新媒体运营者可以借助微博平台，在网络市场上占得一席之地。

在微博运营初期，比较简单且实用的粉丝吸引方法，就是借助"热点"进行营销。微博中有一个"微博热搜"榜（见图10-3），该版块能够实时反映微博热点内容的方向。现在，"微博热搜"榜已经成了微博平台上的高曝光流量位。"微博热搜"榜是被高度关注的微博内容，新媒体运营者完全可以利用该版块来帮助自己获取流量。

从图10-3中可以看到热搜的排行榜与热度，可见其活跃度很大，且这些活跃的粉丝都是优质粉丝。点开热搜榜中的其中一条，就会跳转至综合页面。该页面全是与该热搜有关的内容，而且排名靠前的并不都是大号或者粉丝很多的号。

图10-3 "微博热搜"榜

这就给了企业一个吸引粉丝的启示：是不是可以通过发布与该热搜有关的内容来获得曝光呢？答案是肯定的。但这里要注意一点，就是发布的微博内容中一定要带有关这个热搜内容的关键词或话题。要实现吸引粉丝或者引流的目的，新媒体运营者在微博内容的发布上还需下点功夫。

10.1.4 微信公众号

微信公众号是给个人、企业和组织提供业务服务与用户管理能力的服务平台。公众号曾经非常风靡，是不少新媒体运营者的粉丝集结基地。新媒体运营者可以通过公众号把粉丝聚集起来，宣传一些有利于产品转化的内容。企业通过微信公众号可以实现和用户的文字、图片、语音、视频的全方位沟通、互动，形成线上线下微信互动的营销方式。

许多新手运营者存在这样一个认知误区：认为公众号的主要功能就是推送图文消息，做宣传。不得不承认，利用图文消息进行推广宣传是公众号一个主要且重要的功能，但公众号还有其他功能，这些功能也可以为营销服务。

1. 自动回复

公众号运营者可以在微信公众平台通过编辑内容或采用关键词的方式，实现被添加自动回复、消息自动回复和关键词自动回复等功能。

被添加自动回复是指用户一旦关注公众号，立即就会收到回复内容。

消息自动回复是指订阅用户只要向公众号发送消息便会有回复。

关键词自动回复与消息自动回复相辅相成。如果粉丝发送的消息包含关键词，将优先关键词自动回复；如果开启了全匹配，就需要粉丝发送与设置的词一样的关键词才会自动回复。例如，向某店铺的微信公众号中发送指定的关键词，用户会收到自动回复的相关消息内容，如图10-4所示。

图10-4 对话后的自动回复

 提示 自动回复的作用在于增强互动，提高用户活跃度，引导粉丝进行下一步操作及开展营销活动等。

2. 自定义菜单

运营者可以在公众号会话界面的底部自定义菜单，菜单项可按需设定，并设置响应动作。用户可以通过点按菜单项收到设定的响应，如收取消息、跳转链接等。不管是新媒体运营新手还是老手，都会疑惑自己的公众号为什么赚不了钱，其实问题就出在自定义菜单上。通过观察那些赚钱的公众号就可以发现，它们的自定义菜单中都有各自的"生意"。

例如，在某鞋包公众号的自定义菜单的"关于品牌"项中，用户点按"附近门店"就可以直接查看附近门店信息，如图10-5所示。

图10-5 某公众号的自定义菜单

为避免公众号推送过多信息，引发用户的反感，运营者就需要将一些功能迁移到自定义菜单中。

3. 留言

留言功能并不仅仅是给了粉丝一个评论的入口，还是运营者获得粉丝反馈、与粉丝交流互动的端口。

对粉丝的留言，公众号运营者可以进行置顶、精选留言、回复和删除操作。这样运营者就可以只展示由自己挑选的留言内容，进而提高粉丝对公众号的认同感。这就像在淘宝买东西，买家都喜欢看评论，评论好自然会促使买家下单。而公众号的留言内容可以由运营者自己选择，优秀的留言无疑能提高在用户中的口碑，图10-6 所示为某公众号的留言页面。

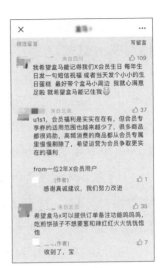

图10-6　某公众号的留言页面

4. 投票

运营者可以在微信公众号中举办关于比赛、活动和答题的投票活动，以收集粉丝意见，了解粉丝感兴趣的内容。

投票是很多运营者会忽视的功能，但如果投票活动能吸引粉丝参与，那么对后期运营会很有帮助。

5. 其他功能

除以上功能外，公众号还有以下丰富的功能。

- 卡券功能：微信公众平台提供给商户或第三方一套派发优惠券，从而帮助商户高效运营和管理会员的工具。
- 摇一摇周边：微信公众平台提供的一种新的基于位置的连接方式。用户可通过摇一摇周边与线下商户进行互动，而商户则可通过摇一摇周边为用户提供个性化的服务。
- 电子发票：微信公众平台提供给商户或第三方的电子发票技术解决方案。商户和第三方可选择由第三方开票方提供的电子发票套餐，并根据套餐权限在其微信公众号中申请、开具、接收和管理电子发票。
- 微信连 Wi-Fi：微信公众平台为商户的线下场所提供一套完整和便捷的微信连 Wi-Fi 方案，能帮助商户提高经营效率。
- 客服功能：微信公众平台为公众号提供的客户服务功能，支持多人同时为一个公众号提供客户服务，可在线回复用户的询问，从而提高粉丝对公众号的满意度。

10.1.5 小红书

小红书是一个生活方式平台和消费决策入口,从社区起家。根据千瓜数据独家推出的《2021 小红书活跃用户画像趋势报告》来看,小红书有超 1 亿的月活用户。众多用户在小红书社区分享文字、图片、视频笔记,记录美好生活。数据还显示,小红书 2020 年笔记发布量近 3 亿条,每天产生超 100 亿次的笔记曝光。

对于新媒体运营者而言,小红书是"电商+微博"的内容型营销方式。只要能产出优质内容,就能带来意向不到的传播效果。小红书的内容呈现方式以图文及视频笔记为主,在创建账号后即可发布笔记内容。

如图 10-7 所示的某小红书用户在小红书平台发布的一篇关于洗发乳的笔记,被收藏 1.1 万次,点赞 1.9 万次,获得较高人气。不仅如此,截至笔者截图时,该篇笔记提及的某款洗发乳在小红书商城的销量已达到了 5879 件,如图 10-8 所示。由此可见,做好内容运营,通过优质内容也可以提高商品曝光率,为商品带来高销量。

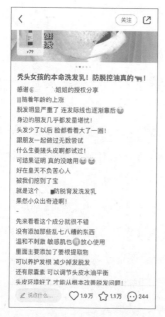

图10-7 关于洗发乳的小红书笔记

图10-8 笔记中提及的洗发乳的销量

10.1.6 抖音

抖音是由北京字节跳动科技有限公司孵化的一款音乐创意短视频社交软件。该软件于 2016 年 9 月 20 日上线。2021 年 1 月 6 日抖音发布的《2021 抖音数据报告》显示，截至 2021 年 1 月 5 日，抖音日活用户数突破了 4 亿，成为国内最大的短视频平台之一。

抖音用户以一、二线城市为主，推荐模式以滚动式为主，即系统推什么，用户就看什么。由于抖音短视频有着市场大、用户多等优点，因此成为很多新媒体运营者的营销阵地。很多新媒体运营者在抖音发布营销视频并进行直播，其中很大一部分取得了理想的成绩。

例如，某知名美妆博主在抖音平台已有 1300 多万个粉丝，获赞 9000 多万个，如图 10-9 所示。点按进入该账号的橱窗页面，可以看到多款商品已售数万件，如图 10-10 所示。

图10-9　某美妆博主抖音账号首页

图10-10　某美妆博主橱窗页面

部分运营者在开通抖音账号的同时，为了方便平台用户下单转化，还直接在抖音开设了抖音店铺。用户在看视频或直播时，可直接在抖音平台完成交易。

10.1.7　其他平台

新媒体平台层出不穷，除了前文介绍的知乎、微博等，还有其他平台，如盛行"老铁文化"的快手、流量巨大的视频号及年轻人高度集中的哔哩哔哩等。

1. 快手

快手是由北京快手科技有限公司开发的一款短视频应用 APP，可用照片和短视频记录生活，也可以通过直播与粉丝实时互动。快手的内容覆盖生活的方方面面，用户遍布全国各地。这些用户对新事物的接受度较强，是很优质的电商客户。由于用户基数大而广，吸引电商商家纷纷入驻快手，完成分享视频、直播卖货等操作。

截至目前，快手和抖音已经成为短视频领域的两大巨头。两个平台之间的差异还是相当大的，无论是用户人群还是平台定位、变现方式，两者都完全不一样。快手的用户人群以三、四线城市和小镇青年为主，而抖音的主要使用人群集中在一、二线城市；快手平台以真实和分享生活为主要定位，而抖音以记录美好生活为定位；快手平台的主要收入来自粉丝对主播的礼物打赏，虽然是短视频平台，但走的是直播秀场模式，抖音平台的主要收入来自商业推广，付费的是企业，而不是使用抖音的用户。基于用户人群、平台定位及变现方式的特点，使得快手平台更容易诞生"草根"主播，因此，快手是目前对于"草根"创业者或者个人创业者最为友善的一个平台。

早在 2018 年，快手某达人在"双 11"期间带货 1.6 亿元，由此引爆了整个社会对快手直播带货能力的关注。当年某知名淘宝主播在"双 11"期间的直播带货销售额是 3.3 亿元。但快手当时并没有给该主播太多的流量资源，他全凭自己的粉丝实力；而知名淘宝主播则是由淘宝给予巨大的流量扶持而打造出来的，相比之下，快手可谓一鸣惊人。

目前，快手在打造自己的快手小店的同时也在借助淘宝、京东的货源体系。主播既可以将商品上传到快手小店，也可以直接链接到淘宝、京东。

2. 视频号

微信视频号（简称"视频号"），是一个人人可以记录和创作的平台，也是一个了解他人、了解世界的窗口。视频号的入口非常浅，微信用户可直接从微信的"发现"页面，点按"视频号"选项进入视频号，如图 10-11 所示。进入视频号后可以观看"推荐""朋友""关注"选项下的视频内容，如图 10-12 所示。

第 10 章 新媒体平台规划与写作要领 201

图10-11 微信"发现"页面

图10-12 视频号页面

对于新媒体运营者而言,视频号的优势主要体现在以下几个方面。

- 微信内部流量巨大。微信拥有近乎全量的用户基数,也涵盖了抖音、快手、淘宝等平台不曾覆盖的人群,如老年人群体。而视频号依托于微信,相当于也有很大的流量池,只要合理应用,必然能获得理想效果。

- 门槛低且无限裂变。视频号是一个人人都可记录和创作的内容平台,既可以发视频,也能发图片。而且与其他视频平台不同的是,视频号的内容不仅能被关注的粉丝看到,还能通过个性化推荐、社交推荐,被10多亿微信用户看到。

- 传播路径短。抖音、快手等平台的视频内容只能直接被分享给相互关注的好友,或通过下载并分享带有二维码图片等方式被分享给微信好友。但视频号的内容可以直接被转发至好友、群组或朋友圈,缩短了传播路径,能迅速形成裂变,传播速度更快,传播范围也更广。

- 形成完整的生态闭环。目前视频号的视频内容中可以带公众号、个人号二维码,用户可直接扫描或点按相关链接跳转至公众号。这也意味着,视频号与微信的个人号、朋友圈、公众号、小程序等多种营销方式是互通的,可以形成完整的生态闭环,拥有巨大的商业价值。这也是其他视频平台短时间内无法实现的组合拳。

同时，视频号支持直播功能，且账号在直播时会被置顶于粉丝视频号，被粉丝好友看到，从而增加一个直播入口。而且，用户从视频号主页可以直接进入商品页面，在该页面下单并完成支付。

由此可见，视频号与微信个人号的粉丝相互关联，相当于视频号与公众号、朋友圈、直播的内容彼此独立，却又相互补充、相互引流，是个不容忽视的视频平台。

3. B站

哔哩哔哩（英文名"bilibili"，简称"B站"），是年轻人高度聚集的文化社区和视频平台，创建于2009年6月26日。早在2018年3月28日，B站就已在美国纳斯达克上市，到了2021年3月29日，B站正式在香港二次上市。

就目前来看，与抖音、微信等社交平台相比，B站的用户规模确实较小，但也正因为如此，新媒体运营者可以同平台一起成长，培养自己的忠实粉丝，为变现打下坚实基础。至于为何选择B站做营销，理由大致如下。

首先，B站内容丰富。B站虽然早期主打二次元内容，但为了丰富内容，吸引更多用户，B站相继新增音乐、游戏、科技、数码等内容，并邀请多个风格的原创UP主入驻平台，提升用户活跃度的同时，也丰富了内容。对于新媒体运营者而言，可以结合产品特征及品牌调性等因素，与契合度更高的UP主合作，创作既符合用户兴趣，又能营销产品的内容，覆盖更广的目标人群。同时，从机会成本来看，B站平台如果考虑变现问题，那么势必会给予UP主和新媒体运营者更多变现奖励措施和流量机会。

其次，B站和传统网站有个很大的区别，就是作为弹幕视频平台，B站用户可以即时评论，让观看某条视频的用户共享信息，以此消除用户的孤独感。例如，某美妆UP主在一条化妆视频中提及一款产品，其他用过同款并认可产品的用户发弹幕"我用的同款，超显气色""姐妹推给我的，真的棒"……这些正向的弹幕可以有效激起其他用户对该UP主及产品的兴趣。

部分新媒体运营者还会故意在视频中留下"槽点"，引发观看视频的用户发送弹幕，激起更多用户参与讨论，营造热门讨论的场景，有利于产品宣传。

纵观B站视频，从大的逻辑来看不难发现，B站视频基本符合真实、有趣、有用等特点。能做到这三点的视频，基础数据都不差。以美妆视频为例，播放量高的主要集中在干货类、情侣类等有用有趣的内容中。

综上所述，B站价值昭然若揭，大家应该重视起来。

10.1.8 选择适合自己的新媒体平台

既然新媒体平台多不胜数，那么作为新媒体运营者应该如何选择适合自己的平台呢？表10-1列举了当下较为热门的新媒体平台，并介绍了各个平台的用户特征、优点、缺点、建议等，新媒体运营者可根据自身情况进行选择。

表10-1 热门的新媒体平台

平台名称	用户特征	优点	缺点	建议
腾讯社交平台（腾讯新闻、微信朋友圈、公众号、QQ空间和腾讯视频等）	用户多、日常活跃性高、黏性大	社交应用排行较靠前，特别是微信、QQ覆盖面广。适合多个行业投放活动	平台多，人群广，难精准	确认自己产品的用户群，明确产品调性，定向投放给目标人群
微博（新浪微博和腾讯微博）	群体活跃、偏年轻化	投放粉丝通可以指定与博文产生互动的用户群体，且投放形式包括图文、视频等多种形式	成本偏高，流量不可控	计算成本，考虑投放粉丝通广告还是找微博达人合作
今日头条	群体广泛，主要集中在二、三线城市	可关键词定向，快速锁定目标用户，实现"对对的人投放对的广告"	广告类型多，不好选择	根据产品属性调研目标人群喜欢的广告方式
抖音短视频	以一、二线城市的"95后""00后"为主	用户数量庞大，活动广告的曝光量也大，容易打造热门产品	投放成本偏高，对素材要求高，对行业的要求也比较高	基于抖音的娱乐定位，建议投放游戏、APP和电商等泛流量产品
快手	以三、四线城市12~35岁的人群为主	流量大，几乎覆盖了三、四线流量红利区域	广告审核较严格	建议营销餐饮、APP、零售和电商等产品
B站（哔哩哔哩）	以24岁及以下年轻用户为主	是目前最大的二次元社区，聚集了大量年轻用户	用户购物能力较弱	建议开展与二次元相关的产品推广活动

续表

平台名称	用户特征	优点	缺点	建议
知乎	以年轻化、高收入、高学历的群体为主	流量质量高，购买能力高	用户较为理性，对广告素材要求较高	建议营销推广房产家居、游戏、金融、教育培训、电商、网络服务和旅游等产品

另外，下面还为大家总结了几个热门新媒体平台的内容形式及平台特征，以便大家更好地了解这些平台，如表10-2所示。

表10-2 热门新媒体平台的内容形式及平台特征

平台名称	平台定义	内容形式	平台特征
抖音	集音乐、创意、短视频为一体的短视频社区平台	短视频	内容领域覆盖全面，支持多种特效、贴纸等工具，内容兼具娱乐性和互动性
快手	记录和分享生活的短视频社交平台	短视频	多以生活场景类内容连接用户，从而引发用户情感共鸣，带着浓烈的互动氛围
知乎	中文互联网高质量的问答社区	图文、短视频	集合多名原创作者及众多互联网网友提问、互动
小红书	高黏性、高互动的内容与社交平台	图文笔记、短视频	以素人创作者为主的笔记和视频分享社区，强调真实体验和经历分享，内容精致

新媒体运营者需要在熟悉各个平台后，结合产品特征及平台特征来选择平台。例如，某运营者经营的产品的主要目标消费者是年轻女性，而这些目标消费者平时较常出没的地方是抖音、小红书等平台，运营者就可以先关注这两个平台。然后根据自己所擅长的内容形式，敲定最后的首选平台。如果该运营者更擅长写精美的"种草"笔记，就可以首选小红书平台。

在选择平台时，还有一点需要特别注意。部分运营者单枪匹马，一上来就想同时攻几个平台。但进入平台后，数据表现多数不好。这时候要做的工作很多，如熟悉平台、产出优质内容、学习同行等。一个人的精力有限，其中一项工作未做好，就有可能影响内容质量及取得的效果。所以建议大家在做好一个平台后，再考虑进入下一个平台。

10.2 新媒体平台文案

营销过程中之所以离不开新媒体平台文案的助攻，原因在于新媒体平台文案有着发布成本低、互动性强、传播形式多样化等特点。

新媒体平台文案是一种网络广告文案，因此它既具有传统广告文案的特征，又带有一定的互联网属性。综合而言，新媒体平台文案主要具有3个显著特征，即内容多元化、成本更低和互动性更强，如图10-13所示。

图10-13　新媒体平台文案的特征

1. 内容多元化

相较于传统广告文案，新媒体平台文案有更加丰富的内容表现形式和传播渠道。新媒体平台文案中不仅包括文字、图片等传统的内容表现形式，还能通过视频、音频、H5及超链接等多媒体形式，丰富文案的内容，增强文案的吸引力。

不同的内容表现形式给文案的创作提供了更大的创意空间，使用户能够全面立体地了解产品，身临其境地感受产品，并心甘情愿地传播产品。

2. 成本更低

相较于高昂的传统广告费用，新媒体平台广告的创作成本和发布成本都更低。以电视广告为例，随便一则电视广告动辄需要几十万元、几百万元的广告费。同为一条品牌视频广告，加上创作、拍摄、发布、投流量费用，可能只需要几万元甚至更低的成本。

同时，新媒体平台文案的创作目的在于促进产品的交易，这就要求文案的创作者不管是在主题的表达上还是在产品信息的传递上，都要以市场化的商业目标为主。所以新媒体广告不仅成本低，还可以让用户了解产品的基本信息，有效促进产品销售；打造企业的品牌形象，增强产品的品牌力，为产品的长期销售奠定基础。

3. 互动性更强

新媒体平台文案的媒介平台是互联网，因此新媒体平台文案自带互联网属性，在写作方式、传播渠道和传播手段等方面都与传统广告文案有一定的区别。新媒体平台文案更侧重互动和分享。

对于新媒体平台文案创作而言，不仅要考虑如何引发用户的阅读兴趣，还要让用户在阅读完文案内容后能够积极参与到活动中来，并将文案内容分享给其他人，使文案实现二次传播。

基于以上新媒体平台文案的特征不难看出，新媒体营销有着诸多优点，是当今营销推广的重要渠道之一。

10.3 新媒体平台文案的写作要领

新媒体平台文案主要包括微博文案、微信文案、社群文案、活动文案、今日头条文案、短视频文案、音频文案等，下面就为大家分别介绍这些新媒体平台文案的写作要领。

10.3.1 微博文案

与微信一对多的定向传播方式相比，微博更倾向于开放式的裂变话题传播。而且，微博平台对发布文章的数量和时间没有明确规定，因此微博内容的传播速度往往比微信更快。微博主要通过@用户、转发信息及私信用户等方式进行互动，更注重话题的传播速度及覆盖范围。在写微博文案时，需要注意内容短小精悍、主题明确、带话题标签、引发互动等要点，如图10-14所示。

图10-14 微博文案写作要点

1. 内容短小精悍

微博文案有着内容短小精悍的特点，在撰写微博文案时，字数不超过140字，以100~120字为佳。文案内容要通俗易懂，让消费者快速理解文案的意思，从而引发消费者的思考和传播。

2. 主题明确

微博文案具有短小精悍的特点，这也决定了新媒体写作人员必须在简短的文案中表明主题。所以，新媒体写作人员在撰写文案之前需做好定位，包括确定文案的目标群体及想达到的目的等。

某经营美妆产品的商家发布了一条微博信息，从内容中可以清晰地解读出该条微博的主题是吸引更多用户关注账号并与账号内容互动，如图10-15所示。

同时，为了起到更好的产品推广效果，商家在文案中提到"【××清痘净肤修护贴】有效改善痘痘，疏通渗透直击痘痘，三位一体抗痘配方！"。通过文案体现了产品卖点。

3. 带话题标签

话题是指谈论的主题，微博中常用标签来标注一条微博的话题。比如，在发表一条关于电子产品的微博时，可以在微博文案中

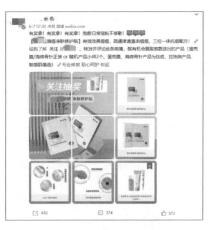

图10-15　主题明确的微博内容

带上话题标签。当其他人搜索该话题时，带有相应话题标签的微博会被集中起来呈现给用户。如"华为"的话题标签某日阅读量达到了85.1万次，讨论数量达225次，如图10-16所示。微博用户发布带有该话题标签的内容，就会在该话题下得到展现。

图10-16　"华为"话题标签

大家平时可以在文案中添加消费者关注的话题或热门话题。即使没有话题，也要创造话题或设计场景让消费者参与进来。例如，一家经营婚纱影楼的商家，其产品主要包括艺术照、婚纱照和亲子照。经分析得出，该商家的目标人群分布如下。

- 艺术照的目标群体年龄在 22～26 岁，以爱时尚的女性为主。这一人群常看的话题标签可能包括音乐、旅游、购物等。
- 婚纱照的目标群体毫无疑问是婚龄女性。这一人群可能会在微博上谈论结婚、婚房、新房、蜜月等话题。
- 亲子照的目标人群主要以辣妈或准妈妈为主。这一人群常关注的话题可能包括育儿、安胎、时尚等。

该婚纱影楼在撰写文案时，可以加入上述话题标签，以提高文案的曝光率。当然，也可以根据微博平台上实时更新的热门话题榜，选择与自己产品相关的热门话题。

4. 引发互动

只有掌握了用户的心理，创作出对用户"胃口"的文案，才能引起用户共鸣，进而引发转发、分享等行为。例如，很多营销微博文案中都含有情感、职场、穿搭、生活等大多数用户感兴趣的内容，其目的就是引发用户参与互动。

例如，某官方微博号就常发布游戏、提问等引发互动的文案内容，图 10-17 所示为该微博账号发布的一条关于看表情猜成语的互动游戏。这条微博发布后的 19 个小时中，增加了 137 条评论。

图 10-17　引发互动的文案内容

部分新媒体运营者就是用互动的方式来留住粉丝的。小米手机在微博发布产品功能需求文案后，提示粉丝可以在指定微博下留言，这就是一个典型的例子。这样的互动不仅让粉丝有参与感，还让企业收集到了很多粉丝的意见，并有助于企业根据这些意见不断迭代完善产品。

综上所述，微博文案一般用简短的语言和合适的标签引发粉丝的互动，达到提高品牌知名度和产品销量等目的。

10.3.2 微信文案

由于微信是一个较为私密的圈子，因此发布的内容主要在圈子内传播。而且微信公众号又分为服务号和订阅号等。正常情况下，服务号一个月最多推送 4 次文案；正常情况下，订阅号可每天推送一次。正是因为有推送次数限制，所以微信尤为注重消费者的黏度和活跃度，在文案方面也更在意消费者的喜好。

在撰写公众号文案前，应注意战略布局。新媒体写作人员需要先勾勒产品或品牌的目标人群画像，并分析他们的需求。然后根据需求去确定文案的切入点，让粉丝喜欢文案内容。某服装类目产品的目标人群画像如图 10-18 所示。

针对该产品的目标人群画像，可参考以下内容素材创作文案。

图10-18 某服装类目产品的目标人群画像

- 从流行元素入手，提及当季艺人款、流行色、时装周，这些都是影响购买选择的因素。
- 从身材入手，给出穿搭建议。如不同身材的人，应该如何穿搭才能扬长避短。
- 从场景入手，给出穿搭建议。如晚会、年会、出游、上班、约会等场合，应如何穿搭。
- 从季节入手，给出穿搭指导。如早春、初春、初夏、深秋、深冬等季节应如何穿搭，拒绝乱穿衣。
- 从互动角度出发，如向粉丝咨询，××衣服如何搭配更合适。既能与粉丝互动，也能提高产品的曝光量。

撰写文案时，可根据粉丝爱好将近期热门综艺艺人的穿衣搭配截图，并稍作编辑；配以文字解析当年流行某款衣服，或用当季较时尚的艺人穿搭来吸引粉丝。这样既可以加入艺人元素，提高阅读量，又可以通过评论高端服装，提升公众号的品位。

综艺节目每期都在变更，季节和场景也很多，素材可以说是源源不断的。新媒体写作人员在撰写文案时，应将素材和产品结合起来。内容上，以原创为佳，尤其是特卖、上新、爆款等文案，必须原创。

当然，新媒体写作人员也应在文案中适当加入与商家相关的信息，如产品信息、活动信息、品牌信息及新闻动态等，如图10-19所示。

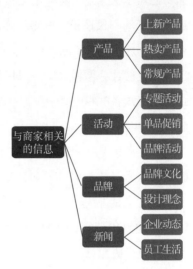

图10-19 与商家相关的信息

在撰写产品文案时，选品很关键，配图要丰富，要多展现细节，体现出产品的功能和优点。在撰写关于活动的文案时，要准确表述活动时间、活动利益点，语言尽量网络化。

10.3.3 社群文案

社群运营是指将群体成员用纽带联系起来，并让群体成员有共同目标和持续的沟通交往，从而增强群体成员的群体意识。通俗地讲，社群运营就是基于用户相似的兴趣爱好，通过载体（如微信、QQ）将用户聚集，再通过产品或服务，满足用户需求而产生的商业形态。新媒体运营者需要做的社群运营工作，主要是搭建社群、管理群组、密切关注群内成员变化，并在给群成员提供价值的同时带动群成员转化。

社群运营作为新媒体运营中的重要环节，其核心在于"用人来链接人，与消费者交朋友"。企业想通过社群营销达到成交变现的目的，首先就要想办法留住人，然后还要使自己建立的社群保持活跃状态，能够长期维持社群热度。基于社群运营的特点，在写作社群文案时应注意以下几点。

1. 提供组织感

常言道,"无规矩不成方圆",社群运营如果没有组织、没有规矩,也很难走得长远。一个有组织的社群,条理清晰,往往能带给用户很强的秩序感。例如,很多微信群公告中就详细说明了群福利和群制度。

当企业建群后,也需要在公告中写明群规则,如不允许发广告、不允许恶意诋毁其他产品等,避免群成员在今后发生不必要的争执。

2. 输出价值

社群要想长久留住用户,就必须持续输出价值,如抢购、秒杀等活动信息,某方面的知识价值等。以一个经营宠物用品的企业为例,其创建的抖音群可以每日秒杀一款产品,让群内成员感受到能以更低价格购买产品;或是每日在群内分享一个与宠物相关的小知识,如猫猫洗澡周期、狗狗常见皮肤病等,让用户觉得加入这个社群很值。

3. 游戏互动

在群成员较多的群里,非常适合用游戏来互动,如常见的摇骰子、猜谜语、猜歌手名字、脑筋急转弯等。当以一些福利加持时,便能迅速"点燃"群内气氛。例如,在推广一款新品之前,先在群里组织一场摇骰子游戏,最先摇到点数"6"的用户可免费获得××产品,要介绍清楚这款产品是什么材质,有什么功能,对人体有什么作用等。只要介绍产品的营销文案写得好,即使用户没有免费名额,也愿意付费购买产品。

4. 红包互动

红包功能非常好,可以活跃群内气氛。很多人都喜欢抢红包,金额可以不大,但数量一定要多。有技巧的企业会采用口令红包,将产品信息和联系方式作为打开红包的口令。要想领取红包,群成员就必须将红包口令信息复制一遍,自然会对产品信息有一个记忆的过程。适当地发个小红包,可以加大群成员之间的互动。

5. 保持社群活跃度

社群的活跃度相当重要,只有活跃的气氛才能留住老成员,吸引新成员。这一步算是建群步骤中最难的,因为稍有不适,群成员之间就可能发生冲突。所以,安排几个明事理的管理员就显得尤为重要了。可以选择发言较多、思路清晰且有一定话语权的人作为管理员。

6. 主动抛出诱饵

企业要想引流，就必须讲策略。就吸引用户而言，需要进行"诱饵营销"。例如选择与后续销售的产品关联度较高的诱饵产品，让客户提前体验商品，这样有助于带动后续商品的销售。又如，赠送主营产品，让用户在使用后有复购欲望，在复购时购买更多其他产品。诱饵除了可以是有形产品外，还可以是无形的服务，举例如下。

- 美容护肤品商家可赠送面膜、护手霜、润唇膏等。
- 口腔诊所可赠送牙线和护齿产品。
- 教育培训机构可赠送体验课程。
- 健身机构可送一个周期的健身卡（如次卡或者周卡）。
- 电脑商家可提供免费安装系统服务。
- 空调商家可赠送上门清洗服务……

10.3.4 活动文案

在新媒体运营过程中，难免需要策划一些活动来营造更好的营销氛围。那么，活动文案应该如何写呢？

首先，活动文案的对象要尽可能地明确、聚焦，如社区居民、妇女、青少年、亲子等。如果对年龄有限制，则需要加上年龄，如"14岁以下儿童"。服务对象界定得越清晰，越有利于后期设定活动目标，设计活动内容。

其次，活动文案要凸显活动主题和目的。例如，从"万人泼水音乐节，嗨翻整个夏天"这一活动文案标题中可以看出，活动主题是很多人一起过泼水节和音乐节，目的是快速聚集用户一起参加活动。

接着，活动文案需要体现活动举办的时间和地点，如××年××月××日在××地点等。

一篇文案如果能体现出活动对象、主题、目的、时间、地点等内容，基本就算是一篇成功的活动文案了。对于部分奖励性的活动文案，还可以表明用户参与活动即有机会获得哪些奖励，以此进一步激励用户参与。

例如，某美妆品牌的微博活动文案中清楚地说明了，活动的主题是送粉丝唇釉，活动时间是5月6日，参与活动的方式是"转发+评论"该条微博，如图10-20所示。

图10-20 活动文案

在策划活动时,除了要写好文案外,还需要遵循相应的原则,如真实可行性原则、借势原则和易参与原则等。遵循这些原则,策划活动时才能事半功倍。

1. 真实可行性原则

活动要从实际情况出发,遵循真实可行性原则。通常,判断一个活动是否具有真实可行性,主要从以下3个方面进行分析。

(1)可执行性:分析活动利益与危害,选择利益大的活动;分析成本与效益,选择效益强的活动;选择合法的活动。

(2)实际操作性:考虑人力、物力、财力等条件,分析活动是否能正常运行,选择能正常运行的活动。

(3)绩效性:根据活动目的和规则,预测是否能盈利,选择能盈利的活动。

2. 借势原则

借势原则就是利用内外部的有利条件来开展营销活动,让营销效果变得更好。常见的借势方法有以下3种。

(1)借大势。

大势是指客观事物的发展不能被阻挡,如国家的战略、发展就是大势。举个例子，国家推行环保公益项目时，如果新媒体运营者能策划一个关于环保的公益活动，就有可能吸引社会的注意，获得较好的营销效果。

例如，某百货企业与某教育企业联合举办了一场公益活动，活动主题是"用爱指引——妈妈带我做公益"，参与方式很灵活，可以捐书、捐钱或助力公益宣传。

参与公益活动的爱心人士有机会领取福袋。当父母带着孩子来参加活动时，该教育企业也会现场宣传一些适合小孩子的亲子活动、兴趣班、技能培训班等。父母和孩子在参与公益活动的同时，也对该教育企业有了基本的了解，成为潜在消费者。

（2）借优势。

借优势指的是通过了解本品牌的优势与竞争对手的情况来策划营销活动。例如，杜蕾斯作为一个拥有成熟的产业化布局的行业领导者品牌，有着销售渠道多、产品线领域广、品牌口碑好、创意玩法多等优势，可以满足众多用户的需求。在 2018 年 5 月 20 日，杜蕾斯携手天猫超级品牌日，以"说爱简单点"为活动口号，开启了杜蕾斯天猫超级品牌日。活动开启的前 5 分钟内，杜蕾斯官方旗舰店销售额就已突破 100 万。当日，官方旗舰店增粉量更是达到了日常的 20 倍，销量翻了整整 13 番。

（3）借热点。

在信息时代，几乎每分每秒都有热点话题出现。在活动中加入热点内容，有利于提高活动的曝光率。例如，2019 年 3 月 8 日，耐克借助妇女节的热点推出了《管什么分寸》短片，并陆续发布了女性主题的海报及视频，内容紧抓大众对女性的偏见，邀请著名运动员李娜读旁白，直击受众心灵。此次的活动短片和海报宣传，促使耐克女性业务的营收高达 73.8 亿美元，同比增长了 11%。

在借热点时需注意一些"雷区"。比如，负能量的热点、违反国家法律法规或社会公序良俗的热点，都不要使用，否则容易给活动带来负面影响。

3. 易参与原则

在策划活动时，应考虑消费者是否容易参与。越简单的规则、越简便的操作及越低的门槛，就越有利于活动的推广，越有利于消费者参与。常见的活动参与方法如转发、评论、关注小程序等，因为这些操作简单，门槛也较低，随手就可参与。

但也有部分活动，因为规则比较烦琐，所以参与的人数也比较少。例如，某食品企业在微博策划了一个转发有奖活动。活动规则为，转发活动海报并获得 10 个小伙伴评论的消费者，则有机会获得价值 99 元的礼包 1 个，奖品共计 10 份。很多普通人的粉丝总共只有几十个，其中有很多粉丝基本不参与互动，故较难达到要求。所以，消费者即使对活动奖品感兴趣，也会因为考虑到自己达不到要求而放弃参与活动。

因此，新媒体运营者在策划活动时，应注重活动是否容易参与，对于活动规则、操作和门槛应反复衡量，确定无误后再推出活动，不然可能会出现花了活动经费，但是效果差强人意的结局。

10.3.5 今日头条文案

今日头条的最大特点就是针对用户采用智能算法推荐内容。所谓智能算法推荐，就是把合适的内容推送给合适的人，平台相当于流量分发机器。只要新媒体写作人员能创作出对用户"胃口"的内容，平台就会源源不断地为其分配流量。新媒体写作人员要想提高今日头条文章的阅读量，就必须明白今日头条智能算法推荐的核心，这样才能获取平台尽可能多的推荐。同时，随着今日头条申请门槛的降低，今日头条可能是个体切入自媒体领域的最佳平台之一。

一般在头条号发布文章后，头条号的系统会先判断标题与文章是否契合，是否存在违规等问题。确认一切都没问题后，就会给予推荐。先是小量推荐，根据文章中的关键词将文章推荐给对相应关键词感兴趣的粉丝。

然后在接下来的 1~3 个小时内检测此文章的阅读数、评论数和转发数。如果这三个指标不断上升，则头条号机器就会加大推荐量。在接下来的时间里再检测文章的各项数据，如果数据还会上升，再加大推荐量。一般在 24 小时后，系统就不再对文章做推荐了，转而会推荐其他新文章。所以新媒体写作人员在发布文章后的黄金时间内，就要想办法提高文章的各项数据，为文章获得更多推荐量。

要想在今日头条平台增加引流量，就要提高关注度，如提高点赞数、评论数、转发数等。要想提高文章关注度，可以参考图 10-21 所示的 3 个技巧。

图10-21 提高文章关注度的技巧

1. 故意留下漏洞

在内容中故意留下漏洞或破绽，是一个人性化的设计。绝大多数人愿意展示自己"好为人师"的一面，当发现文章中有漏洞或破绽时，就会在评论中将其提出，这样就增加了文章的评论量。例如，在谈及知名达人参加过的综艺节目时，故意将节目名称打错。用户在查看时，会主动在评论区打出正确的名称。待互动的人增多后，再主动去评论区承认错误："新来的小编手误，看来要扣鸡腿了"，既回复了用户的评论，也从侧面说明了出现破绽的原因，求得用户谅解。

2. 用配图吸引人

对于文章而言，图片至关重要。用户浏览文章，可能标题内容都没看完，就先看到配图了。配图要尽量切合标题和内容，在切合标题和内容的基础上可以添加一些如美女、帅哥的图片来吸引用户注意力。

例如，与教育培训相关的内容，可以配上一个高颜值男讲师讲课的图片，既切合主题又能吸睛。具体的配图也要根据行业特点来选择，以幼儿教育来讲，目标客户以宝妈为主，因此选择高颜值的男讲师配图更能提高文章的阅读量。

虽然今日头条的文章可以使用多张图片，但建议 3 张图片较为合适。另外，能用图片来说明的内容就别用文字，能用视频说明的内容就别用图片。

3. 引导点赞、评论、转发

新媒体写作人员也可以在文中或文末，引导用户点赞、评论、转发等，具体示例如下。

- "纯手打，原创不易，请多支持点赞转发啊。"说出辛苦，博得同情和认同。
- "你对此有什么看法，请多多指教啊。"提出问题，引导评论。
- "重申××观点，不服来辩！"用激将法引导评论。

用这些语言刺激相应人群进行点赞、评论等操作，可以有效提升文章的关注度和推荐量。

10.3.6 短视频文案

随着时代的飞速发展，网民的闲暇时间越来越碎片化，短视频的出现，正好让网民的碎片化时间得到了充分利用。而且短视频比起图文形式的文章来，更加形象直观，所以短视频也更能吸引网友。

目前较为热门的短视频平台包括抖音、快手、小红书和B站等。特别是抖音，作为短视频的后起之秀，实现了远超10亿的日播放量，其活跃度十分惊人。由此看来，短视频有着市场大、用户多等优点，非常适合营销。那么，短视频文案应该如何写呢？

1. 找共鸣

用户在充分理解短视频内容的前提下，才有可能出现心灵共鸣，继而产生点赞、评论、转发等行为。特别是一些正能量的内容，如积极的、健康的、催人奋进的、给人力量的、充满希望的人和事，往往能感动手机前的用户，促使他们对视频做出更多互动的行为。

例如，某影视解说类短视频账号，在解说一部奥斯卡电影时，就用到了利于情感共鸣的文案，引发51.2万人点赞，并获得1万条留言，如图10-22所示。

图10-22 影视解说视频截图

该账号用4条视频解说了一部治愈系电影，虽然整部电影的剧情没有犀利的话题，也没有强烈的矛盾。但由于电影本身很暖心，因此让很多用户在看的过程中被带动情绪，甚至流泪。这种情感上的共鸣，能引发更多用户点赞、评论。

2. 抓痛点

痛点可以理解为用户在日常生活中所碰到的问题，如果不解决痛点，它就会对用户的精神和身体造成伤害。相关达人可在视频内容中提出目标用户的痛点，并解决痛点，以此吸引用户参与互动。

例如，某医学类抖音账号发布的某条短视频的文案就围绕"减肥的重要性"这一话题，用某个病患的真实案例，说明了肥胖带来的危害，提醒大家减肥，如图10-23所示。作为用户，在看到这条视频时，如果正好也有体重超重、高血压、脂肪肝等情况，就会代入自己身上，

图10-23 某条抓用户痛点的视频截图

思考自己是否需要减肥。如果需要，接下来就会更加信任该账号输出的内容，从而关注该账号。

3. 存争议

存争议指的是短视频内容在一定程度上要能引起用户的讨论和反驳。特别是在当今的互联网中，有一群人喜欢"抬杠"，不管别人说什么，他们都想辩驳一番。所以，有很多文案和视频内容迎合了用户的这种心理，设置了一些独断型的文案或有争议性的文案来提升视频的评论量。

某情感节目主持人的抖音账号就曾发布过一条存争议的视频，如图10-24所示，该视频的封面图片用显眼的文字抛出了问题："感情平淡了要不要分手？"这个本身就存在争议性的话题，让这条视频获得了64.9万个赞、5万条评论。

图10-24 存争议的短视频截图

该视频的拍摄手法较为简单，只用到一个很简单的黑色背景板。视频火热的原因在于视频文案属于AB选择型："感情平淡了要不要分手？"给用户提出了思考：要分手还是不分手，这种具有争议的话题瞬间引发数万人参与点赞、评论。

4. 有需求

"有需求"不是简单地满足用户需求，而是专业领域类的内容，旨在为用户提供有价值的知识和技巧。这类内容具有独特的存在价值，能不断地为用户提供知识、学识、技巧，提升粉丝的自我价值。

很多账号注重生产文教类短视频，其粉丝转化率非常可观。例如，某美食类抖音账号发布的短视频作品主要是教大家做家常菜。通过展示买菜、配菜、做菜等内容，获得了众多用户点赞、评论，如图10-25所示。

图10-25 制作美食的短视频截图

类似这样的文教类账号，因为有需求、有价值，很容易被关注。新媒体写作人员可以找到与产品相关的需求，将其展现在视频内容中，如传授生活技巧、情感知识、美食厨艺等。因为很多人对这些知识技能有需求，所以可促使更多用户关注账号。

在写短视频文案时，除了掌握以上内容外，还可以参考更多文案类型，将其灵活地应用到视频中，提升视频的数据。常见的文案类型包括段子类文案、共情类文案、"恐吓"类文案、悬念类文案、叙述类文案和互动类文案，如图10-26所示。

图10-26 常见的文案类型

（1）段子类文案。

段子类文案是指一些带有趣味性的段子，如从网络上寻找一些有趣的段子并将其放在标题区，博人一笑，起到猎奇的作用。例如，"小时候不爱吃饭，导致现在个子矮；现在是爱吃饭了，导致又胖又矮。"

（2）共情类文案。

共情类文案是指能引起共情的文案。以减肥会所的视频文案为例，直接找到垂直用户的诉求，用"我们""一起"等容易引起共情的词汇，吸引用户关注。例如，"我要从150斤减到110斤，关注我，我们一起变瘦！！！"

（3）"恐吓"类文案。

"恐吓"类文案以容易引起争议的文案为主，如使用一些略带夸张的词汇，引得很多用户反驳、不满，故而达到很热闹的讨论效果。例如，"筷子用久了有毒，你信吗？"

（4）悬念类文案。

悬念类文案多是为了提高完播率，而故意用一些带有悬念的文字吸引用户看完视频。例如，"最后那句话真是笑死我了，肯定颠覆你的三观！"这一文案就引起很多人的好奇心，继而吸引人们愿意看到视频最后。

（5）叙述类文案。

叙述类文案主要从叙事视角、叙事时间等方面搭建丰富的场景，从而吸引用户查看视频。例如,"本是张家大小姐,有缘成为李家媳,奈何李家不缺媳,有幸做回张家女。谢谢这3年的陪伴。"这一叙述类文案,就简要地说明了两个人结为连理又分开的事情,吸引用户查看两个人分开的前因后果。

(6)互动类文案。

互动类文案是指通过增强体感反馈、剧情参与、内容探索等方式,激起用户互动的兴趣。例如,"身为'90后'的你有多少存款呢?"吸引"90后"用户的留言。

无论采用哪种文案类型,只要能引起共鸣、存在争议或抓到用户痛点,达到引导用户查看视频内容的目的即可。

10.3.7 音频文案

音频平台是指通过网络流媒体播放、下载等方式收听的音频内容平台,如荔枝FM、喜马拉雅FM、蜻蜓FM、懒人听书和酷我听书等平台。为什么音频平台会受到广大网民的追捧?原因大致有以下两点。

- 伴随性好。相比视频、文字等媒体,音频具有独特的伴随属性,无须占用双眼,在消费者看书、做饭、乘车、睡前均可收听。
- 广告性好。当网民被各种广告信息刷屏时,可能会厌倦文字、图片和视频广告,会自动忽略广告,导致广告效果不佳。但在音频内容中,广告无法屏蔽,其营销效果反而会比视觉广告更好,这个特点让音频平台更具营销价值。

常见的音频平台活动包括内容植入式、品牌入驻式和主播互动式,如图10-27所示。

- 内容植入式:找和产品相关度较高的主播进行合作,在音频内容中植入自己的产品,加以一定的优惠活动,吸引粉丝下单。
- 品牌入驻式:企业或品牌在音频平台建立属于自己的音频自媒体。很多企业或品牌都在喜马拉雅FM开通了自己的官方频道,这样便于在平台上策划属于自己品牌的活动。
- 主播互动式:主播带动粉丝参与线上线下的活动,如线上的小程序、H5游戏、微博游戏;线下的观影、旅行等。

例如,某经营防晒产品的商家与某户外音频主播合作,推出了一期"不涂防晒玩三亚"的音频内容。内容围绕主播不涂防晒霜去三亚游玩展开，并表明即使不涂防晒也没有被晒伤，激发起粉丝的好奇心之后，主播揭开了谜底：原来不怕晒的秘密在于使用了拥有防晒功能的小黑伞。主播在夸了一会儿小黑伞以后，详细介绍了小黑伞的特性、优惠活动及购买方式等信息，方便粉丝下单购买。此外，主播还给出了粉丝专属特权：粉丝在购买前联系客服报主播昵称，可获得价值38元的赠品。在粉丝专属特权的刺激下，商家一天内卖出了近万把小黑伞。

在写作音频文案时需要注意3个关键点，如图10-28所示。

图10-27　常见的音频平台活动　　　　图10-28　音频文案的关键点

- 突出关键信息。音频文案必须做到有主有次，突出关键性内容。换言之，就是省略无关紧要的内容，直接说重点。如此一来，才有利于用户接收重点信息。如抽奖信息、知识信息等，需要重点体现，才能迅速吸引用户注意力。

- 注意点题。音频因为没有字幕，不利于用户理解内容，所以在文案中可以多次点题，便于用户接收信息。如很多音频文案中会将微博昵称、公众号名称等内容多次阐述，其目的就是利于用户接收信息。

- 文案风格统一。用户的口味其实很挑剔，如果没有亮点，则很难吸引用户关注。因此音频文案的文案风格最好能统一，如睡前故事的安静风、书评的情绪高昂等。

同时，音频的音效起着渲染气氛的作用。在输出音频内容时，不仅主播的语音要符合主题，背景音乐也要能烘托文案内容的气氛。

课堂实训——通过APP中的"微社区"留住更多用户

"社群"对于做运营的人来说并不陌生，而微社区实际上就是一种社群玩法，很多APP就是利用微社区来提高用户活跃度的，这里以拍照类APP为例进行讲解。

众所周知，用户使用拍照类APP主要是为了让拍出的照片更好看，因为拍照类APP中通常都提供了大量的滤镜和贴纸等。对于用户的美图需求，拍照类APP都能满足，但很多用户修完图后，还会有一个需求，那就是分享。

如果能在APP中做一个图片社区，让用户的这种需求得到满足，用户就可能在图片社区进行分享、评论等操作，这种互动就提高了用户活跃度。图10-29所示为美图秀秀的微社区功能页面，用户可以分享图片、视频等内容，其他用户可以对其进行点赞、评论等互动。

微社区不仅适用于拍照类APP，也适用于金融类、视频类APP。例如，金融类APP可以利用微社区打造理财"领袖"。很多用户使用金融类APP是因为有理财的需求，而这些用户中有一部分可能是理财小白，

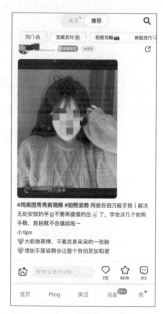

图10-29 美图秀秀的微社区功能页面

有一部分则是专业理财人士。如果能在APP中建立理财社区，让这些专业理财人士主动创建内容，并给予一定的奖励，那么APP中就会形成理财交流的友好氛围。对于理财小白来说，可以从中吸取理财经验；对于专业理财人士来说，则可以获得额外收益；对于APP来说，则可以提高用户活跃度。

视频类APP也可以创建微社区，让用户分享视频、图片，或者进行评论等，如爱奇艺中的"泡泡圈"、腾讯视频中的"圈儿"都是微社区的一种形式。这一形式是近几年才在各大视频软件中上线的，但在短时间内就收获了众多用户的喜爱。

微社区中用户参与的方式可以多样化，点赞、转发、评论都可以，表现形式可以是图文、视频、音频及文字。开发者要根据用户的特点来考虑微社区的功能。微社区能提高用户活跃度，但也可能带来垃圾信息，新媒体运营者要做的就是尽量抵制垃圾信息，具体方法有举报、敏感词定义及管理团队审核等，用完善的机制来确保社区拥有良好的氛围。

入口越明显，微社区就越容易受到关注，因此APP要想引导用户进入微社区，入口就一定要显眼，如美图秀秀中的微社区"Plog"，其入口就在APP首页。把APP中的用户沉淀到社区后，用户才会真正稳定下来，这样才能进一步提高留存率。

课堂小结

本章从认识新媒体主流平台、新媒体平台文案的特征及各个新媒体平台文案的写作要领等基础内容出发，全面介绍了新媒体文案对于新媒体运营的重要性。通过对本章的学习，大家可以掌握新媒体平台文案的特征，掌握当下新媒体主流平台文案的写作要领。

课后作业

1. 以某餐饮品牌组织的一次线上生日会为例，在微博平台撰写一篇活动文案。
2. 以防晒衣为例，撰写一条短视频卖货文案。

第11章 新媒体写作实战指南

新媒体变现方式多种多样，新媒体写作人员可以通过多种方式获取收入。比如，新媒体写作人员可以自己撰写短视频文案，拍摄短视频作品，并将其发布到短视频平台，获得流量变现；也可以为企业撰写提升品牌影响力的软文，获得合作费用；还可以通过提交征文、讲书稿等内容，获得奖励或合作金等。为此，新媒体写作人员应熟悉并掌握多种新媒体文案的写作技巧。

本章学习要点

- 掌握提升品牌影响力软文的写作技巧
- 掌握能获得奖励的征文的写作技巧
- 掌握能被平台录用的讲书稿的写作技巧
- 掌握快速引流的短视频文案的写作技巧
- 掌握能快速成交的带货文案的写作技巧

11.1 提升品牌影响力的软文怎么写?

如何打造品牌？肯定离不开品牌影响力。一些富有影响力的品牌，无须过多广告也能让消费者在第一时间想到其品牌及产品。比如，凉茶品牌王老吉那句脍炙人口的广告词："怕上火，喝王老吉"，让品牌得到传播的同时，也使这款凉茶产品深入人心。

那么，企业如何提升品牌影响力呢？在工业时期，传统营销企业用电视＋商超＋渠道铺货的形式去打造品牌，以此体现品牌的忠诚度、美誉度和知名度。在如今的互联网时期，要想提升品牌的影响力，首先需要让消费者对某一品牌或某一产品产生深刻的记忆。因此，企业运营者需要思考的问题就是当潜在消费者在浏览某个产品时，这个产品会给他留下一个什么样的印象？他愿不愿意记住、能不能记住这个产品或这个品牌？

很多企业是凭借软文植入品牌信息，从而提升品牌影响力的。例如，淘宝平台上某蜂蜜旗舰店的品牌故事文案，通过讲述店主两代人的"爱蜜"情结故事，把品牌专心只做好蜂蜜这样一个理念传递给了客户，如图11-1所示。店主的父母以及店主本人都是因为蜂蜜结下了姻缘，他们希望自己的爱情能像蜜蜂酿的蜜那么甜蜜，那么纯洁。另外，蜂蜜不仅可以增强人的体质，还有天然的美容效果，于是他们就想到了以养殖生态蜜蜂来"酿造"他们的爱情和事业，同时也能造福那些体质较差的人（特别是中老年人）和爱美之人。

图11-1 某蜂蜜旗舰店的品牌故事（部分）

诸如此类可以提升品牌影响力的软文到底应该如何写呢？建议在写作这类软文时不要只站在自己的角度去考虑问题，不要只看到自己的产品多么优秀，言语中不要直白地表达出"我要做领军人物""第一""最好""最高"等含义。暂不讨论广告法是否允许"最高""最好"等用词，即使被允许，这样做的意义也不大。因为品牌不是空洞的，也不是只有华丽的语言，而是要直击消费者的痛点，真真切切地带给消费者差异化的价值、好处。

通过撰写软文来提升品牌形象有两种模式。一种是直白的写作推广模式，内容包含品牌来源、品牌特点、品牌历程、品牌成就、品牌优势、品牌理念、品牌承诺和品牌定位等；另一种则是通过模拟场景、故事植入等方式来撰写品牌软文，潜移默化地影响消费者，提升品牌知名度。

> 从营销的角度上来说，故事是很容易让人记住的，对塑造一个企业或店铺的品牌形象起到了积极的推动作用。

在写作提升品牌影响力的软文时，可以参考拼凑法、案例法和总结法。

- 拼凑法：把几篇文章拼凑起来形成自己的文章，做法是整理几篇文章各自的观点，然后对这些观点进行整合加工，形成自己的软文。这类软文质量一般，初学者可以作为练习使用。
- 案例法：创作者将亲身经历写出来，然后对这一经历进行分析和评价等。这种方法的创作难度较大，需要创作者自身拥有足够广度和深度的见识。
- 总结法：对创作者自己的案例、热点时事、他人的案例进行分析总结，形成自己的软文，这是比较普遍的写作方法。

通常来说，商业软文还是要围绕产品和用户进行创作，不同产品针对的目标用户不同，即使是同款产品，按照不同属性也可以划分出许多维度，因此写作前必须先找准文章切入点。当然，最重要的还是要站在用户的角度去看问题，一针见血地指出用户痛点，然后提供解决方案，帮助用户解决难题，这就是我们常说的"用户思维"。

强调"用户思维"的新媒体运营写作，"说人话"才是重点。写作人员不必过分追求辞藻华丽，只要能将内容讲清楚、说明白，让用户理解这个产品能为他们提供什么帮助即可。

11.2 能获得征文奖励的内容怎么写？

在新媒体营销中，很多企业或公共机关都有征文活动，他们会选取一些优质征文并给予一些奖励。例如，某企业就在新浪微博举办了"六周年征文大赛"，奖品包括主机和键盘等，如图11-2所示。作者可以在详细阅读征文规则后，按照要求撰写并提交软文，从而有机会得到主办方给予的奖励。

此类征文活动有很多，比如，一些媒体会不定期举办书评征文活动。下面就以书评征文为例，为大家讲解这类征文怎么写。

首先，书评要结合书的内容及热点来进行写作；其次，新媒体书评要从一个点发散思维并体现原书的现实意义，由此可见，新媒体书评要想吸引人们关注和阅览，一定不是重现书中的内容。具体写法可以参考以下几点。

图11-2 "六周年征文大赛"活动页面

1. 从某一个观点入手

这个观点最好是当下的热门话题、热门观点，而不是这本书的无数个观点之一。特别是在新媒体文章中，一般是一篇文章一个观点，一篇文章一件事情。所以，最好从某个观点入手，并且该观点要能为读者提供帮助或引发读者讨论。

2. 书评不是剧情概括

在写作书评时，不要将书评写成剧情概括。书评不是对书中的内容或者关键情节进行复述，而是应该以评论为主。新媒体书评字数在1000～2000字为佳。

3. 书评要与生活相关

新媒体书评一定要实用，评论的观点要与现实生活相关，要能对人们的现实生活有所帮助、有所启发。

综合以上三点可知，新媒体书评主要由热点事件、图书内容、内容分析、联系生活等关键信息组成，如图11-3所示。

图11-3 书评内容组成

当然,也不是每一条书评都需要融合以上内容,可以选择融合部分内容。例如,某作者为某本亲情类书籍撰写的书评,融合了图书内容、内容分析等要素,并且与自己的生活相联系,如图11-4所示。因为其标题和内容都围绕着"爱"这一主题,故该书评受到众多读者青睐,读者纷纷为其点赞、评论,如图11-5所示。

在写作书评时,联系生活非常重要,最好还能输出一些自己的思考。同时,书评中也需要一些片段来佐证观点。很多人喜欢看故事,如果能从书中找到一个故事来佐证并且延伸至生活,就更能为读者留下深刻印象。也只有这种有观点又有感情的内容,才更有机会获得征文奖励。

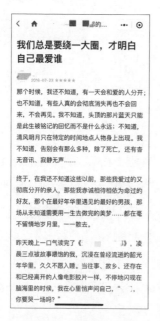

图11-4 书评内容页面

图11-5 书评评论页面

11.3 能被平台录用的讲书稿怎么写?

讲书稿就是把一本书讲出来的文本。通俗来讲,讲书稿就是写一篇稿子来阐述一本书的内容。讲书稿的兴起，离不开新媒体运营的发展。正是由于新媒体营销方式的多样化，部分消费者开始通过音频来接收信息，讲书也流行起来。

国内知名讲书达人樊登就通过音频讲书，收获了粉丝无数，并创建了"樊登读书"APP。樊登讲书的某音频内容如图11-6所示，播放量已超过1600万次。

图11-6　讲书的音频内容

由此可见，一些优质的讲书稿能通过音频方式收获大量粉丝并变现。对于普通人而言，可以开设音频账号发布讲书内容，或通过撰写讲书稿来变现。那么，讲书稿应该如何写呢？

写讲书稿的目的就是用有趣的方式把整本书的核心思想表达出来，这样可以供读者更方便地学习和选择书籍。写作难点在于逻辑要清晰，内容要深入浅出，表达要有趣。

图11-7　讲书稿框架

讲书稿的文章框架包括3个部分，如图11-7所示。

1. 开头

讲书稿的开头可以概述整本书的基本信息及核心内容。开头通常包括4部分内容，分别是欢迎语、书籍介绍、书籍概述及场景代入、分析原因并转入讲书正题。在挑选场景时最好根据目标人群，选择贴近他们日常生活的场景，这样更容易触发他们的情绪，吸引他们阅读。场景代入后，立刻讲解本书作者或者书籍受益者的故事，形成对比，激起读者的好奇心，然后稍微概括下书籍，吸引读者继续往下读。

2. 核心内容

讲书稿的核心部分可以摘取书中3~5个关键点进行讲解，一般分为两大模块。第一模块，整体概述讲书稿的讲解思路，罗列即将讲解的观点。第二模块，针对每个关键点进行详细讲解。

在核心内容部分，作者也可以自己设置3~5个问题，并自问自答。问题的设置很关键，可以设置成大家都非常关心的问题。然后根据问题去讲解，这样讲书稿的结构就不会太松散，可以围绕问题的核心去展开讲解。

3. 结尾

关键点讲解清楚后，整篇文章的核心工作就完成了。最后概括全文，鼓励读者，一篇优质的讲书稿就完成了。为了引导更多读者点赞、关注，可以在结尾处再添加"点关注，听我的其他分享""欲知更多故事，请动动手指为我点赞"等内容。

讲书稿的形式有很多种，但不管是哪种形式的讲书稿，都需要遵循一个原则，就是用一篇文章把一本书讲清楚，尽量保持有趣、有料、可读性强。其实，写讲书稿的过程，就是把一本书再消化一次的过程，自己会从书中汲取更多的营养，帮助读者的同时也是在帮助自己。

11.4 快速引流的短视频文案怎么写？

要想让短视频起到良好的引流效果，就必须写好短视频文案。以抖音短视频为例，各类型短视频用户的平均停留时长都在几秒钟。如果一个短视频无法在极短的时间内激起用户兴趣，就很难取得理想的引流效果。什么样的短视频文案才能在短时间内激起用户的兴趣呢？通过分析总结，得出一个播放量和点赞量双高的短视频文案写作公式，这里以40秒的短视频为例进行讲解，实际上，有的短视频长于40秒，有的短视频短于40秒，根据实际情况调整开头、过程、结尾的文案即可，如图11-8所示。

图11-8　引流短视频文案写作公式

如果一个短视频的总时长不足40秒或超过了40秒，就可以按照总时长1/8的时间做引入、互动，3/4的时间做过程介绍。

1. 开头5秒：用提问或热点开头

通过研究数千条短视频，笔者发现，常见的开头方式就是提问或热点。以提问开头是指用疑问句、反问句、设问句等形式开头，勾起用户想知道答案的欲望。

例如，"你相信吗？""不知道你有没有遇到过这种情况？"。图11-9所示的某情感类短视频作品，就是以"你相信吗？"开头的。该短视频作品共获得3万多个赞和3千多条评论。

热点开头是指用热点信息来开头，如图11-10所示，在端午节期间，某短视频账号以端午节相关热点开头创作了短视频作品。该短视频作品共获得10万多个赞以及4千多条评论。

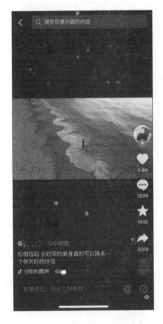 

图11-9　以提问开头的视频截图　　图11-10　以热点开头的视频截图

2. 中间30秒：讲解细节或制造反转

一个总时长为40秒的短视频，第6~35秒是短视频较为核心的部分，应该展现出整段短视频的精华。这部分内容的好坏也决定了能否将吸引到的用户留下来。

那如何写好这部分内容呢？

第一是内容要足够细，要把需要展现的内容像剥洋葱一样层层剥开，且环环相扣，让用户沉浸其中。例如，很多美食账号会把制作美食的过程进行拆解，让用户在看后能迅速上手制作同类美食。

第二是剧情要有反转，让用户有出乎意料的惊喜。可以通过剪辑镜头、信息不对称等方式误导用户，让用户以为剧情会顺利展开，然后给用户一个意想不到的反转，推翻用户之前的想法，呈现出一个与之前有冲突的结果。这样短视频会更有冲击力，也更能吸引用户。

3. 结尾5秒：引导用户互动

因为短视频的精华内容已经完成，大多数用户在这个时间段容易注意力分散，创作者需要临门一脚，引导用户主动做出下载、购买、关注等交互行为。例如，可以利用图11-11所示抓住用户心理来设计引导话术。

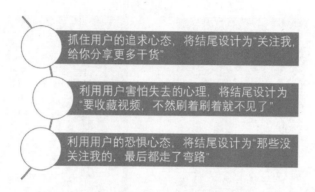

图11-11 抓住用户心理设计引导话术

如此一来，整个短视频就有了引人入胜的开头、精妙绝伦的过程及引导互动的结尾，能一步步引导用户观看短视频，了解短视频中讲解的内容（包括产品知识），并对内容产生兴趣，做出购买、关注、点赞等行为，由此生成一个能快速引流的短视频文案。

11.5 能快速成交的带货文案怎么写？

能够引起成交的带货变现是最常见的新媒体变现方式之一。带货文案是连接产品与用户的桥梁，其典型的特点是逻辑性强、对产品和用户的了解度高。因此，在写作带货文案时，文案写作人员应根据以下3个关键要点，运用不同的策略和技巧，正确展示产品信息，这样才能成功激发用户的购买欲望，促成产品成交。

1. 产品定位用户化

首先在介绍产品之前，文案写作人员一定要考虑清楚产品的定位是什么。很多人在撰写带货文案时，总是从自己的角度出发，来展示产品信息。但实际上，文案写作人员对产品的了解，肯定是远超于普通消费者的，如果文案写作人员一味凭借自己对产品的专业认知,来向用户介绍产品,就有可能会出现产品定位不准的情况。

所以,在写作带货文案时,文案写作人员要从用户的角度出发,去解读产品、介绍产品,尽量避免使用抽象、专业的词汇,最好能够为产品寻找到一个"对标物",用大家已经认识、熟悉的物品去描述一个陌生的产品。例如,某无人机品牌的短视频带货文案中,抛弃掉一些专业的词汇,将无人机形象地称之为"会飞的照相机",通过这类简洁、通俗的词语让用户更好地了解无人机这一行业和无人机产品,如图11-12所示。

图11-12　某无人机品牌的短视频带货文案

2. 产品卖点具体化

带货文案需要的不是金句,而是"精句",即用最少的字把产品信息清楚传递给用户,最大程度降低用户理解信息的成本。在介绍带货产品的卖点时,用词越具体、越简单,信息传达的效果就会越好。

例如,某面巾纸产品的带货文案中,就采用的是"一纸三层""5张纸可吸干半中杯净水""双手握住纸巾两边反向拉扯"等具体化的描述,来展示该产品柔韧耐用、吸水性佳、用纸更节约等卖点,如图11-13所示。

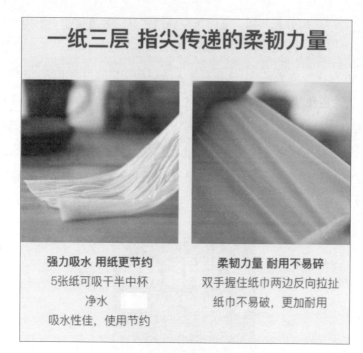

图11-13　具体化展示产品卖点

3. 使用场景细节化

带货的时候，一定要把产品放入具体的场景中。产品的使用场景，一般分为两大类：一类是"如果拥有这个产品，你会如何舒心"；另一类是"如果你没有这个产品，你会如何糟心"。文案写作人员所要做的工作，就是描绘好这两种场景中的一种，让用户产生"代入感"，从而引发购买行为。

"场景"的重要性许多人都知道，但如何写出具有"代入感"的场景却是一个难题。要想营造一个有"代入感"的场景，就需要对产品的使用场景进行细节化描述。"细节"的好坏就决定着文案是否具有"代入感"，细节越丰富，消费者就能在脑中勾勒出越清晰的画面，也就越容易产生代入感。

例如，某牛排煎锅产品的带货文案中，有一段话是这样描述的："铸铁源源不断的热量；为牛排催生出100多种肉香；粗海盐区分了层次感；出锅时，油已被沥干；这是星期五，犒劳自己的晚餐。"比起描述锅体材质，更重要的是描绘吃牛排的美妙感受。这篇文案中通过"100多种肉香""粗海盐""星期五"等一系列的细节词汇构建起一场被牛排守护的美好晚餐场景，这绝不是一句空洞的"牛排美味多汁"可以比肩的。

课堂实训——带货视频文案赏析

对于短视频内容而言，其实引流和带货相辅相成。好的视频文案既有利于引流，也能迅速激起消费者的购买欲望。例如，抖音平台的某评测类博主在发布一条 25 秒长的有关于雪尼尔裤子的视频时，就用到了利益诱导、引入问题、引出产品等技巧，成功获赞 8 万多个，产品销量也达到了 4000 多件。下面我们就来详细分析一下该视频内容。

1. 利益诱导

整条视频以一句"趁着还能凑单"开头，如图 11-14 所示。正是这句文案，引出了活动，借力促销节点给出了"凑单"这一购买理由。

2. 引入问题

说完利益诱导，紧接着以自己为背景，引入问题："之前我发布过一条质量贼差的雪尼尔裤子，有很多姐妹求推荐质量过关的"，并提供了往期粉丝求质量过关的雪尼尔裤子的留言截图，如图 11-15 所示。这句文案不仅站在了粉丝角度，还阐述了更多粉丝的诉求和痛点：求推荐质量过关的产品。这种痛点由于非常具有代表性，因此能够迅速抓住更多粉丝的眼球。

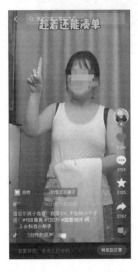

图11-14　视频开头文案

图11-15　部分留言

3. 引出产品

在引入问题后,迅速给出方案并引出产品,整个流程简单、直接且流畅:"我终于在最后关卡找到了它",如图11-16所示。通过这一步,由问题过渡到了解决方案,既给前期感兴趣的用户提供了有用信息,又便于用户接收接下来的产品信息。

4. 产品卖点

引出产品信息后,为加深用户对产品的印象,该博主用自己试穿的效果来介绍产品:"看起来平平无奇,但是能让原来穿雪尼尔裤子不好看的情况得到有效改善。不透不显三角区,侧面不显肚子,背后也显腿直",如图11-17所示。

图11-16　引出产品文案

图11-17　部分文案1

为了进一步阐述卖点,文案还分别介绍了产品的保暖性、材质等。如"秋天怕冷的,我也帮你们试过了。里面套秋裤穿,没问题。套完秋裤套棉裤,穿上还是杠杠的",如图11-18所示,这里主要阐述了产品保暖性好。

"面料是最新的雪尼尔,不易起球肤感好",部分文案如图11-19所示,这里主要是阐述产品材质好。

图11-18 部分文案2

图11-19 部分文案3

在介绍产品卖点后,该博主展示了产品的上身效果,相当于给了用户更详细的参考,有利于用户将自己代入身穿该产品的场景中。大家在写产品卖点时,可以适当增加一些内容,如该产品的穿搭以及该产品适合的场景(如通勤、朋友聚餐等)。

5. 再次利益诱导

在介绍完产品后,为进一步刺激用户下单转化,文案再次用到利益诱导:"除了'双11'凑满减,我还给你们争取了10块那个啥(优惠券)。还等什么,冲就完了",如图11-20所示。

截止到这儿,整条视频结束了。这条时长仅为25秒的视频,能获得8万多个用户点赞,4千多个用户下单,已经属于引流带货文案范本了。

回顾整条视频文案,从利益诱导到引入问题、引出产品、产品卖点,到最后的再次利益诱导呼应开头,可以说是环环相扣,"逼着"对裤子有需求、有痛点的女性客户下单。大家在写这类短视频文案时,可以分析一下自己的每一句文案起着什么作用、希望起到什么效果,如此一来,才能写出更好的文案。

图11-20 部分文案4

课堂小结

本章主要介绍了提升品牌影响力的软文、能够得奖励的征文、能被平台录用的讲书稿、快速引流的短视频文案、能快速成交的带货文案的写作技巧，并通过解析真实带货短视频文案案例，进一步介绍了变现文案的写作方法。通过对本章的学习，大家可以掌握新媒体各类文章的实战写作技巧。

课后作业

1. 以《红楼梦》这本书为例，撰写一篇1200字的讲书稿。

2. 为一款户外帐篷，撰写一篇800字的带货软文。文案中要体现产品的多个卖点及使用场景。